Hildegard Kohnen

Wir vom Jahrgang 1934

Kindheit und Jugend

Impressum

Bildnachweis:

Christof Pfau, Mannheim: S. 4; Hildegard Kohnen, Bernkastel-Kues: S. 5, 6 o./u., 10 u., 15, 16 l./r., 20, 21, 24, 30, 35, 37, 44, 48, 52 o., 53, 54, 55 o., 59, 60 u.; Brigitte Lewalter, Bonn: S. 8, 29 o.l.; Monika Wunderlich, Fuchstal: S. 9; Marga Tunnat, Stuttgart: S. 10 o.l./o.r., 25, 26, 27, 33, 34, 43, 45, 46 u., 56 o.l., 58, 62; Manfred Weichert, Bergisch Gladbach: S. 14 o./M.; Klara Schaaf, Platten: S. 17, 29 o.r.; Bruni Simon, Platten: S. 19; Sybille Becker, Brühl: S. 23; Alfred Dübener, Dessau: S. 29 u.; MARCHIVUM, Bildsammlung AB05022-009: S. 31; MARCHIVUM, Bildsammlung KF016572: S. 46 o.; Adelheid Pape, Köln: S. 32; Friedhelm Weinand, Wittlich: S. 39 o.; Stadtarchiv Magdeburg: S. 39 u., 40, 50; Presse-Bild Fruhstorfer, Georg Fruhstorfer: S. 49 o./M./u., 56 u.l./r.; 50er Jahre Museum Büdingen: S. 52 u; Helga Rosenau, Wettenberg: S. 63
ullstein bild – ullstein bild: S. 12, 14 u., 18, 38, 60 o., 61; ullstein bild – Thomas-Mann-Archiv: S. 28 l.; ullstein bild – dpa: S. 28 r.; ullstein bild – KPA Grimm: S: 57.

Wir danken allen Lizenzträgern für die freundliche Abdruckgenehmigung.
In Fällen, in denen es nicht gelang, Rechtsinhaber an Abbildungen zu ermitteln, bleiben Honoraransprüche gewahrt.

Besuchen Sie das 50er-Jahre-Museum in Büdingen mit seinen unzähligen Exponaten aus einer spannenden Epoche:

50er-Jahre-Museum e.V.
Auf dem Damm 3
63654 Büdingen

20. Auflage 2024

Gestaltung und Satz: r2 | Ravenstein, Verden
Druck: Druck- und Verlagshaus Thiele & Schwarz GmbH, Kassel
Buchbinderische Verarbeitung: Buchbinderei S. R. Büge, Celle

34281 Gudensberg-Gleichen • Im Wiesental 1
Telefon: 056 03/9 30 50 • www.wartberg-verlag.de
ISBN: 978-3-8313-3034-8

Vorwort

Liebe **34er!**

Als ich begann, die Geschichte unserer Kindheit und Jugend aufzuschreiben, war mir bewusst, dass jeder von uns sie auf seine ureigenste Weise erlebt hat. Als ein Jahrgang sind wir durch eine aufregende und bewegte Zeit gegangen, die spannender und wechselvoller nicht hätte sein können. Von den ersten achtzehn Jahren will ich hier berichten.

Die unmittelbarste Art, die Vergangenheit lebendig zu erhalten, ist, das Erlebte weiterzuerzählen. Bei uns Alten ruft sie Erinnerungen wach. Bei den Jungen wird beim Erklären unserer Kinderwelt, die nicht nur schrecklich, sondern auf ihre Art auch wunderbar war, vielleicht so Geschichte zum Leben erweckt. Freiheit, Mut und Unabhängigkeit waren Lebenswünsche, die unsere Eltern uns mit auf den Weg gaben. Wurden wir mutig? Unabhängig? Frei? Neugierig aufs Leben waren wir. Das andere kam, wenn überhaupt, später, für manche nie. Das Wort Frieden kannten wir nur aus der Vergangenheit und wurden passive Zeugen einer entsetzlichen Zeit, die uns selbst an den Rand der Hölle und andere mitten durch sie hindurch führte. Es fällt leichter, mit guten als mit schlechten Erinnerungen zu leben und aufzupassen, dass die Vergangenheit sich nicht stetig verschönt.

Seit vielen Jahren leben wir in Frieden und Freiheit, doch an dem Flächenbrand, den ein Triumvirat von Entfesselten entfacht hatte, löschen wir noch heute. Zurückschauend auf das vergangene Jahrhundert müssen wir dem Schicksal dankbar sein, dass wir überleben durften. Der Wechsel von der Diktatur zur Demokratie, die Entwicklung zu einem der wirtschaftlich stärksten Länder Europas und die Wiedervereinigung Deutschlands mit dem Fall der Mauer tragen auch unsere Handschrift. Wir haben keinen Grund, uns zu beweihräuchern, aber daran zu erinnern sei uns gestattet. Erinnerungen haben leuchtende Fenster. Kommt mit, schaut und lasst euch berichten, wie 1934 alles begann ...

Hildegard Kohnen

So hat alles **angefangen**

Für diejenigen unter uns, die im Krankenhaus auf die Welt kommen, kann die Umgebung in etwa so ausgesehen haben. Eine Säuglingsstation in den 40er-Jahren.

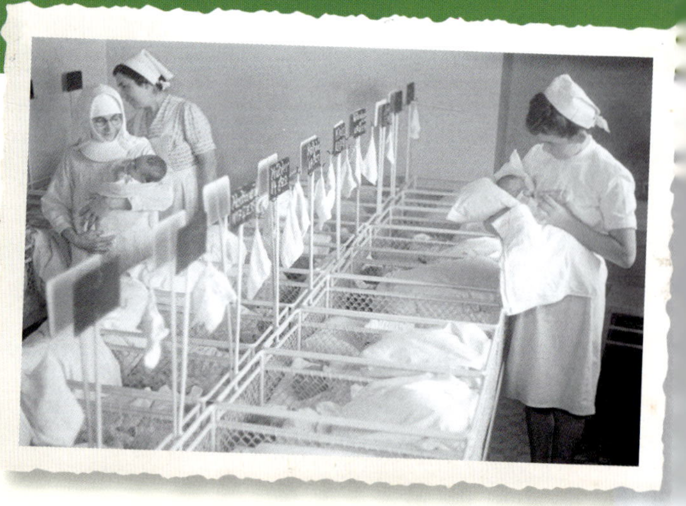

Friede – Freude …

Am 31. Dezember um 23:59 Uhr waren wir komplett. Die allerletzten unseres Jahrgangs lagen frisch entbunden in Wiegen und Weidenkörbchen, Kinderbetten oder Kochkisten und schliefen der Zukunft entgegen. Wir, die freudigen Ereignisse dieses Jahres, konnten nicht ahnen, wie ungewiss sie werden sollte. Ob als Kinder der Liebe, der Vernunft oder nicht geplanter Nachwuchs – die Welt hatte mit uns zu rechnen.

Chronik

15. Januar 1934
Erdbeben der Stärke 8,1 in Nepal und Indien. 10 700 Menschen sterben.

26. Januar 1934
Freundschafts- und Nichtangriffspakt zwischen Deutschland und Polen.

30. Juni 1934
Adolf Hitler lässt den SA-Führer Ernst Röhm verhaften und erschießen, mit ihm Gustav Ritter v. Kahr, Kurt v. Schleicher und Gregor Strasser.

2. August 1934
Reichspräsident v. Hindenburg stirbt. Hitler übernimmt am gleichen Tag sein Amt und nennt sich Führer und Reichskanzler. Die Reichswehr wird nicht mehr auf die Verfassung, sondern auf die Person Hitlers vereidigt.

13. Januar 1935
Das Saarland gehört per Volksabstimmung wieder zum Deutschen Reich.

16. März 1935
Hitler verkündet die Wiedereinführung der Wehrpflicht.

22. März 1935
Eugen Hadamovsky eröffnet in Berlin die erste Fernsehübertragung der Welt.

10. September 1935
Hitler verkündet die Nürnberger Gesetze und stellt die Diskriminierung der Juden nach biologischen Kriterien so auf eine rechtliche Grundlage.

5. Februar 1936
Charlie Chaplins satirischer Stummfilm Modern Times hat in New York Premiere.

17. Juni 1936
Beginn des Bürgerkrieges in Spanien unter Franco.

1. August 1936
Die Olympischen Sommerspiele werden in Berlin eröffnet.

3. November 1936
US-Präsident Franklin D. Roosevelt wird für eine zweite Amtszeit wiedergewählt.

1. Dezember 1936
Die Mitgliedschaft in der Hitlerjugend wird für Kinder ab zehn Jahren Pflicht.

Neugierig auf Leben?

Es herrschte Zufriedenheit und Begeisterung im Volk, trotz 2,7 Millionen Arbeitslosen. Das Land war auf dem Weg zur Vollbeschäftigung. Das hatte nach Ansicht der meisten Deutschen ein einziger Mann bewirkt und an den glaubten sie. Was sonst geschah, sahen sie nicht, wollten es nicht wahrhaben. Hauptsache, jeder hatte Arbeit. Die feinen Risse am blauen Himmel bemerkten nur wenige, und die schwiegen. Ein Ruck ging durch die deutsche Wirtschaft. Der Führer ließ Autobahnen bauen, obwohl kaum einer ein Auto besaß. Porsche entwarf den ersten Volkswagen, den Hitler später auf den Namen KdF – Kraft durch Freude – taufte. Kasernen entstanden. Es roch nach Aufrüstung. Das Ausland sah tatenlos zu. Wie lange noch?

Andere Seiten des Aufschwungs waren Reisen – wie mit der Wilhelm Gustloff ins Mittelmeer … Auch, wenn sich anfangs kaum jemand traute, wurden sie später angenommen. Welcher Arbeiter oder Angestellte hatte sich je einen Urlaub leisten können?

Silvester 1934 – Prosit Neujahr.

Der Führer befahl und das Volk folgte. Und wie!

Das alles kümmerte uns nicht. So wenig wie die unzähligen unschuldigen Kinder, vor oder nach uns geboren, die ihr Kinderleben nicht zu Ende leben durften und uns fast siebzig Jahre danach noch immer in Scham versinken lassen, weil wir uns moralisch mitschuldig fühlen.

Wir liebten unsere kleine Welt

Wir waren mit Trinken, Schlafen, Schreien und dem Befüllen handgefertigter Windeln beschäftigt. Ob als Stammhalter oder als Nesthäkchen geboren, war uns egal. Hauptsache satt und trocken. Meist gab es Geschwister und zahlreiche Verwandte. Schon bald entdeckten wir das Umfeld. Das erste Lächeln rief die Familie auf den Plan. Jeden, der sich uns mit Essbarem näherte, liebten wir. Dank der Geschicklichkeit der Mütter konnten diese Kinder alle Schwierigkeiten überstehen. Lächelnd, schreiend, satt, sauber und schlafend liebten wir unsere Welt.

Auf dem Weg zur Taufe.

Kleider machen Leute

Hübsch angezogen waren wir, mit Hemdchen, Dreieckshöschen aus Mullwindeln gefaltet und farbigen Jäckchen. Standardfarben: Blau und Rosa. Der Abschluss bildete eine Moltonwindel. Die Mütter, die ihre Süßen in Sonnengelb oder Grün, statt Rosa oder Blau präsentierten, ertrugen das Naserümpfen mit Fassung. Die Krönung aber waren Binden, die uns zu handlichen Paketen schnürten. Ein Griff und wir lagen an Mutters Brust, ein zweiter befreite uns von klitschnassen Abfällen und das Wohlbefinden war wieder hergestellt. Als quietschvergnügte Erdenbürger lernten wir unsere kleine Welt mit großen Augen einzuordnen. Nach Molton und Co kamen Strampler für mehr Bewegungsfreiheit.

Essens- Schlaf- und Wachzeiten bestimmten den Tagesablauf und wurden im Sommer oft in Gärten oder Höfe verlegt, denn den Müttern fehlte die Muße uns spazieren zu fahren.

Prominente 34er

4. Jan.	***Helmut Karasek**, Journalist, Autor und Literaturkritiker*
8. Jan.	***Jacques Anqeutil**, Radrennfahrer*
9. Feb.	***Manfred von Richthofen**, Sportler, Unternehmer und Sportfunktionär*
11. Feb.	***Mary Quant**, Modedesignerin der Twiggy-Minimode*
9. März	***Juri Gagarin**, Astronaut, erster Mensch im Weltall*
27. März	***Jutta Limbach**, Rechtswissenschaftlerin, Verfassungsrichterin*
5. April	***Roman Herzog**, von 1994 bis 1999 Bundespräsident*
24. April	***Shirley MacLaine**, Schauspielerin*
5. Mai	***Alfred Freiherr von Oppenheim**, Privatbankier*
13. Mai	***Adolf Mugsch**, Schriftsteller und Literaturwissenschaftler*
27. Mai	***Uwe Friedrichsen**, Schauspieler*
6. Juni	***Albert II**, König von Belgien*
10. Juli	***Alfred Biolek**, Dr. Jurist, Fernseh- und Talkshow-Moderator*
20. Juli	***Uwe Johnson**, Schriftsteller*
29. Aug.	***Horst Szymaniak**, Fußballspieler*
20. Sep.	***Sophia Loren**, Schauspielerin*
26. Sep.	***Winnie Mandela**, Politikerin*
28. Sep.	***Brigitte Bardot**, Filmschauspielerin*
30. Sep.	***Udo Jürgens**, Sänger und Liedermacher*
7. Okt.	***Ulrike Meinhof**, Mitbegründerin der RAF*
19. Dez.	***Rudi Carrell**, Showmaster*

Verstand oder Drill

Der Ehrgeiz der Mütter war es, uns früh trocken zu kriegen. Drill ersetzte oft den Verstand. Thrönchen kamen zum Einsatz. Wir hingen bis zum Erfolg im Klammergriff über diesen Foltergeräten. Die Geduld der Mütter war grenzenlos. Fürs große Geschäft kam oft die Zeitung ins Spiel. In bequemer Rückenlage war es uns im zarten Alter so schon möglich, auf die nationalsozialistische Presse zu sch …

Auf die passende Größe zugeschnitten dienten Zeitungen auch anderweitig zur Zweitverwertung, denn Klopapier war teuer. Auf dem Land lief das Trockenwerden im Sommer einfacher ab: Die Kleinen robbten meist unten ohne durchs Terrain. Es erklärte manche Pfütze an unmöglichen Stellen, sparte aber Arbeit und Waschmittel. So entwuchsen wir dem Windelzeitalter.

Laufen zu lernen war das nächste Ziel. Kein Gegenstand war zu groß sich an ihm hochzuziehen, tollkühn scheuten wir keine Gefahr. Erste Erfahrungen mit Heiß und Kalt waren schmerzhaft und Blessuren an der Tagesordnung. Oft wurden wir samt Ball, Bär und Brotkruste in sichere Laufgitter verfrachtet; im Sommer draußen, im Winter drinnen. Die Mütter atmeten befreit auf. Nur unsere Welt war dann stundenweise längsgestreift …

Wir waren putzmunter

„Kinderwillen ist Kälberdreck, wer ihn erfüllt, der ist ein Geck" lautet eine alte Bauernweisheit. Persönlichkeit entwickeln und Grenzen auszuloten stand auf unserem Plan. Wir lernten die Strukturen unserer kleinen Welt kennen, nicht durch Worte, sondern durch den Tonfall. Widerstrebend folgten wir ihm und haben es nie bereut.

Die ersten Jahre vergingen im Flug. Selbstständig zu essen fiel schwer, musste aber sein. Was der Löffel nicht fasste, schaffte die Hand. Nicht alles schmeckte,

Kleine Dame ganz modebewusst.

Der erste Wagen.

doch für Grießbrei mit Kirschen hätten wir unsere Geschwister einzeln verkauft. Gegessen wurde, was auf den Tisch kam. Teller leer essen gehörte leider auch dazu. Von Tag zu Tag geschickter in allem, besaßen wir bald eigene Fuhrparks: Puppenwagen, Tretroller und Dreirad. Darum stritten wir wie die Kesselflicker.

Unsere Legos waren aus Holz und beliebte Wurfgeschosse, manche mit Märchenmotiven. Wir lernten mit dem täglichen Lebensablauf spielend umzugehen, wuchsen auf dem Land mit Hühnern, Katzen und Hunden auf und beschützten die Küken, die Lieblingsfresschen der Katzen waren. Kuhwarme Milch, in Becher gemolken, gab es jeden Tag.

In den Städten war das Kindsein von anderen Voraussetzungen geprägt. Die meisten Menschen lebten in Mietwohnungen, die teils einfach und klein waren. Nicht jedes Kind besaß ein eigenes Zimmer und Bett. Die Küche, die am Tag Koch-, Ess-, Spiel- und Wohnraum war, wurde abends zum Bügel- und Nähzimmer. Viele Väter arbeiteten in Zechen oder Fabriken und hatten Schichtdienst; andere in Büros, Behörden, Geschäften und Handwerksbetrieben. Sie waren meist nur sonntags zu Hause.

Sonntage waren Familientage

Samstags wurde im Sommer in der Waschküche und im Winter in der warmen Küche gebadet, denn Badezimmer gab es selten. Das Wasser, im Waschkessel erhitzt, wurde in die Wanne umgefüllt. Herausgeputzt ging es sonntags spazieren, zum Friedhof, in Parks, botanische Gärten oder in die Stadtwälder. Wo es Wasser gab, begab man sich mit Decken und Proviant zum Baden. Zoobesuche waren seltener, denn sie kosteten Eintritt, und nicht überall gab es diese Kinderparadiese.

Badefreude.

Für nen Groschen Eis.

Die Sonntagsanzüge der Väter waren dunkel mit breiten Revers, die Hemden hell, die Krawatten schmal und meist auch dunkel, denn wie zu allen Zeiten bedeckte der Mann nur seine Blößen, während die Frau ihren Körper schmückte.

Die Mode für Frauen hieß Bleyle, oder es waren bunte Kleider, oft selbst genäht. Die Hüte waren aus dem gleichen Stoff, die Haare onduliert und die Seidenstrümpfe hatten eine schnurgerade Naht. Der Clou aber waren die Handtaschen, stets in den Farben der Pumps. Zwei Teile mussten harmonieren. Modediktat!

Die Knaben glänzten in Matrosenanzügen oder Russenkitteln, die plötzlich Kosakenkittel hießen, und die Mädchen trugen bunte oder karierte Röckchen mit weißen Blusen, dazu Söckchen oder weiße Kniestrümpfe mit Bommel. Am Ende eines Sonntagsausfluges gab es Eis oder Brause. Nur schmutzig machen durfte man sich nicht.

„Wohlbehütet“ auf dem Weg zur Kirche.

Ländliche Idylle

Auf dem Land sahen die Sonntage anders aus. Das Vieh wollte versorgt werden. Die Menschen gönnten sich nur einen Ruhetag und spazierten im Sommer mit den Kindern zu den Feldern, um zu sehen, wie das Getreide stand, oder was die Wildschweine und der letzte Hagel an Schaden angerichtet hatten. Beeren wurden gesammelt und so Angenehmes mit Nützlichem verbunden. Auf den Land spielten die Kinder anders. Aus zwei Ketten und einem Kuhjoch entstand eine Schaukel, die am Scheunentor befestigt wurde und bei den Kindern beliebt war. Bunte Bälle, Klicker, Dilldopp mit Peitsche besaßen fast alle. Mit Vorliebe kamen die zum Einsatz, nachdem die frisch gekehrten Straßen kuhfladenfrei waren, denn jeder Anwohner hatte die Straße in der Breite seines Anwesens sauber zu halten.

Schlagzeilen

1934

- *Die ersten Waschbären werden in Deutschland ausgesetzt*
- *Der Engländer Percy Shaw erfindet reflektierende Katzenaugen für den Straßenverkehr*
- *Das Haushaltsjahr nach der Schule für Mädchen wird eingeführt*
- *Schalke 04 besiegt den FC Nürnberg und wird Deutscher Fußballmeister*
- *Buch des Jahres: „Drei Männer im Schnee“ von Erich Kästner*
- *Bester Film: „Maskerade“ mit Paula Wessely, der Film des Jahres*
- *Schlager: „Gitarren spielt auf“ von den Comedian Harmonists*
- *Mode: Jüdische Modehäuser zeigen zum letzten Mal ihre Entwürfe*
- *Magda Goebbels und andere tragen weiterhin Pariser Haute Couture*

1935

- *Ferdinand Porsche baut den Prototypen des künftigen VWs*
- *Die Großglockner Hochalpenstraße wird eröffnet*
- *Buch: Werner Bergengruens „Der Großtyrann und das Gericht“*
- *Film: „Meuterei auf der Bounty“ mit Clark Gable*

1936

- *Der Zeppelin „Hindenburg“ fliegt in die USA*
- *Max Schmeling wird in New York Boxweltmeister*
- *Buch: „Vom Winde verweht“ von Margaret Mitchell*
- *Mode: Kurze, enge Jäckchen, Boleros, schmale Röcke, gestreifte und getupfte Blusen; Matrosenhüte und Kamelhaarmäntel – die tief in den Nacken gezogene Olympiarolle ist letzter Schrei*

Abzählreime – Fragespiele

Wir spielten am liebsten draußen.

Ri ra rutsch, wir fahren mit der Kutsch'

Wir fahren mit der Schneckenpost, die uns keinen Pfennig kost', ri ra rutsch ..., sangen wir und bewegten uns wie kleine Lokomotiven. Abzählreime vor dem Versteckspiel waren: Eins zwei drei vier fünf sechs sieben, wo ist unser Hans geblieben? In Berlin, in Stettin, wo die Rosen dreimal blühn.

An der Ostsee riefen die Kinder: Ene mene minke tinke rade rude tolke wiggel waggel weg.

Chronik

26. April 1937
Die deutsche Legion Condor zerstört die spanische Stadt Guernica.

28. April 1937
Die Golden Gate Bridge bei San Francisco wird fertiggestellt. Die Bauzeit betrug vier Jahre.

12. Mai 1937
Georg VI. wird in der Westminster Abbey zu London zum neuen König gekrönt.

12. Juli 1937
In Paris wird die Weltausstellung eröffnet.

25. Oktober 1937
Mussolini kommt zu einem offiziellen Staatsbesuch nach Deutschland und wird mit großem Pomp empfangen.

12. März 1938
Hitler lässt die Wehrmacht in Österreich einmarschieren. Das Großdeutsche Reich entsteht.

26. Mai 1938
Grundsteinlegung für die Stadt Wolfsburg und das Volkswagenwerk.

1. Oktober 1938
Die Wehrmacht marschiert ins Sudetenland ein.

9. November 1938
Reichspogromnacht! Synagogen werden angezündet, jüdische Geschäfte zerstört und Juden misshandelt. Die Judenverfolgung erreicht damit den ersten grausamen Höhepunkt.

15. März 1939
Hitler besetzt die Tschechoslowakei und marschiert mit seiner Armee unter großem Protest in Prag ein.

1. September 1939
Beginn des Zweiten Weltkrieges, Hitler fällt in Polen ein und ordnet die Euthanasie an.

3. September 1939
England und Frankreich erklären Deutschland den Krieg.

8. November 1939
Johann Georg Elser verübt im Münchner Bürgerbräukeller ein Attentat auf Hitler, das missglückt.

Versteckspielen war in Stadt und Land beliebt. Stall, Schuppen und Scheune boten sichere Plätze. Nur der Heuschober war verboten. Die Kleinen durften nicht mitspielen, zockelten jedoch hinterher und verrieten die Verstecke gnadenlos. Bekamen eine geklebt, heulten Rotz und Wasser und verrieten fröhlich weiter. Zum Seilspringen und Dilldopp-Kreiseln zu klein, durften sie nur zuschauen. Traf die Peitsche, jauchzten sie. Ging ein Schlag daneben und traf den Freund, löste es schöne Balgereien aus und er war für drei Tage kein Freund mehr. Wir guckten zu und feuerten die Kampfhähne an.

Waschtag

Waschtag bedeutete Schwerstarbeit für die Mütter und Freiheit für uns. Wir durften ohne Aufsicht länger draußen spielen. Waschtage mobilisierte die letzten Kräfte der armen Mütter. Abends Wäsche einweichen, am nächsten Morgen in aller Frühe kochen. Anschließend trat das Rubbelbrett den Kampf gegen den Schmutz an. Die Hände bekamen Schrunden. Erst der Fortschritt brachte Erleichterung und Waschmaschinen hielten Einzug. Die gekochte Wäsche kam hinein und ein handbetriebener Schwengel hielt sie per Hand in Bewegung, bis sie sauber

war. Die gereinigten Teile wurden anschließend durch einen Wringer gepresst.

Ältere Geschwister bedienten die Maschinen und die Überlieferung erzählt von einem Großvater, der, wenn er Zeit hatte, zusah und sang „Üb immer Treu und Redlichkeit“ – über acht Strophen – und dann erst die Wäsche für sauber erklärte. Die Enkelin hasste den Großvater für diese Gesangseinlage, allerdings nur am Waschtag. Denn er konnte schön gruselige Geschichten erzählen. Das Lied aber hasste sie für Zeit und Ewigkeit. Die nächste Station des wöchentlichen Kreuzweges hieß: Auswaschen und Aufhängen der Wäsche; bei Regen und im Winter auf dem Speicher, im Sommer im Garten. Das Bleichen im Sommer war eine zusätzliche Belastung. Die älteren Kinder halfen und begossen die brettharten Teile und unter großem Geschrei auch ihre kleineren Geschwister.

Nur Miele, Miele, sagte Tante,
die alle Waschmaschinen kannte.

Der Volksempfänger oder auch die „Goebbelsschnauze“.

Wer, wie, was

In fast jedem Haushalt stand ein Volksempfänger. Inzwischen überwogen Propagandasendungen die schönen Musiksendungen. Es waren immer nur gute Nachrichten, doch warum unsere Eltern trotzdem sorgenvoll schauten, verstanden wir nicht. Mobilmachung, Blitzkrieg. Was hatte das zu bedeuten? Neugierig fragten wir. Was ist ein Feind? Warum schreit der Mann im Radio? Was ist Mobilmachung? Was Blitzkrieg? Blitzt und donnert es dann? Wieso trägt Judith

Mit den „Großen" haben wir es nicht immer leicht.

einen gelben Stern und ich nicht? Weshalb darf ich nicht mehr mit ihr spielen? Warum guckst du jetzt komisch, Mama?

Unsere Welt war ein einziger Fragebogen. Wir wurden die Generation der ewig Fragenden. Die Antworten schulden sie uns bis heute. Sie vertrösteten uns und schickten uns zum Spielen.

Nach dem Ich und Du entdeckten wir das Mein und Dein, lernten zu streiten, die Klappe nicht zu weit aufzureißen oder ganz zu halten. Das Spielzeug wegzuräumen und Schleifen zu binden. Wir wurden in mehr oder minder freundlichem Befehlston erzogen; bei Tisch nicht zu sprechen, gerade zu sitzen, Rücksicht zu nehmen und zu teilen. Den Apfel mit dem Freund, das Würstchen mit der Schwester ... Puppen und Panzer, Burgen und Bären, Zinnsoldaten und Trommeln waren die Lieblingsspielzeuge.

Schlagzeilen

1937

- *Radargeräte werden praktisch erprobt*
- *Das Luftschiff „Hindenburg" explodiert beim Anflug auf New York*
- *Buch: „Von Mäusen und Menschen" von John Steinbeck*
- *Schlager: Zarah Leander mit „Yes Sir"*

1938

- *Rennfahrer Bernd Rosemeyer verunglückt tödlich*
- *Die Eigernordwand wird bezwungen*
- *Die erste fahrbare Telefonstation wird in England vorgestellt*
- *Bestseller: „Rebecca" von Daphne du Maurier*
- *Film: „Leoparden küsst man nicht" mit Katharine Hepburn*
- *Bester Song: „Jeepers Creepers" von Benny Goodman*
- *Mode: Seidenstrümpfe mit Naht, spitze Schuhe*
- *Frisuren und Kleidung von Filmschauspielern und Stars werden nachgeahmt*

1939

- *Im Straßenverkehr werden die ersten Geschwindigkeitsbegrenzungen eingeführt*
- *Bestseller: Antoine des Saint-Exupérys „Wind, Sand und Sterne"*
- *Film: „Vom Winde verweht" mit Clark Gable*
- *Schlager: „In the Mood" von Glenn Miller*

Knäckebrot mit knallroter Vierfruchtmarmelade

Nicht überall gab es Kindergärten, und nicht alle Eltern standen ihnen positiv gegenüber. Als Kinderbewahranstalt in bestimmten Kreisen verpönt, hatten sie einen negativen Beigeschmack. Uns Kindern bot diese Einrichtung viel Abwechslung, wir fanden neue Freunde, und es gab Knäckebrot mit knallroter Vierfruchtmarmelade aus dem Eimer. Bis dahin kannten wir nur selbst gemachte Marmelade, die nicht so süß war. Nach jeder Marmeladenschlacht war Zähneputzen angesagt, für viele die erste Begegnung mit der Mundhygiene. Die Sauberkeit der Fingernägel wurde täglich kontrolliert. Die Sommerfeste im Kindergarten begeisterten Groß und Klein. Wir trugen Sonntagskleider und leuchtend bunte Haarschleifen, und die Jungens hatten ihre Lederhosen gegen Kosakenkittel und Co getauscht. Die Eltern begleiteten uns. Wir sangen und spielten. Es gab Kuchen und Brause. Alle konnten sich vom Segen dieser Einrichtungen überzeugen. Es wurde ja nicht nur verwahrt. Wichtige Grenzen wurden spielend aufgezeigt und die Mütter hatten so etwas mehr Muße. Viele von ihnen waren inzwischen in der Frauenschaft. In den Städten wurden Kurse

Vier Schwestern beim Margaritenpflücken fürs Hausaltärchen.

Sommerfest im Kindergarten.

in allen möglichen Sparten angeboten. Auf dem Land waren die Familien anders strukturiert. Die Kinder blieben nie ohne Hüter. Tanten, Großmütter und Nachbarinnen passten auf, oder man nahm sie mit aufs Feld. Im Schatten der Bäume lieferte die Natur das Spielzeug. Irgendwann gab es auf dem Land plötzlich auch Kindergärten, Erntekindergärten genannt.

Übrigens, das „Heil Hitler" brachte man uns im Kindergarten bei.

Ernteurlaub – in Uniform beim Heueinfahren.

Reichspogromnacht

Herschel Grünspan verübte im November 1938 ein Attentat auf die deutsche Botschaft in Paris. Aus Protest gegen die unwürdige Behandlung seiner jüdischen Eltern in Deutschland erschoss der Siebzehnjährige den deutschen Legations-Sekretär Ernst von Rath.

Das war der Anlass zu entsetzlichen Gräueltaten gegen Juden. Hitler hielt eine Hetzrede, und die SA und ihre Gefolgsmänner demolierten und plünderten in der Nacht zum 9. November 1938 7500 jüdische Geschäfte und steckten 190 Synagogen in Brand. Einrichtungen im Wert von vielen Millionen Reichsmark wurden zerstört. Um diese Schäden zu beheben, forderte man von den Opfern Bußgelder in Milliardenhöhe. 30 000 Juden wurden verhaftet, denen man die Möglichkeit ließ, sich freizukaufen. 3000 Juden wurden in Konzentrationslager gebracht.

Den Juden in Deutschland war der Besuch von Kinos, Konzerten, Kunstausstellungen und Theatern verboten, ebenso gesetzliche Prüfungen an Industrie- und Handelskammern. Führerscheine wurden eingezogen, und jüdischen Kindern der Schulbesuch an deutschen Schulen untersagt. Ärzte und Apotheker verloren die Zulassungen. Alle Juden bekamen ein J in ihre Pässe. Nur wer sein Vermögen an den Staat verpfändete, durfte ausreisen.

Frühling, Sommer und Herbst

Der Frühling – das waren Blumen im Garten, Ostereiersuchen und das Ende der verhassten Wollstrümpfe und der Einteiler, als „Leib und Seelchen" bekannt, weil diese in der kalten Jahreszeit wärmten. Beim Gang zum Häuschen mit Herz waren sie hinderlich, vor allem, wenn die Zeit drängte, und die drängte immer ... Frühling hieß: endlich wieder draußen spielen.

Im Sommer ging es zu den Großeltern aufs Land oder mit der KdF in die Berge und an die See. Sommer bedeutete für die Kinder auf dem Land Erntezeit, Heu machen, einfahren, Kühe hüten, Kirschen und Beeren pflücken. Das hieß helfen, helfen, helfen, hieß aber auch Fahrrad fahren, Ballspiele, in den nahen Bächen baden und schwimmen lernen.

Im Herbst wurden Kastanien und Eicheln für die Schweine gesammelt, Kartoffeln gerodet oder ausgegraben und auf dem Feld im offenen Feuer gebraten, wenn wir Landkinder waren. Herbst, das hieß in Weingegenden Weinlese und Trauben keltern.

Nicht nur Trauben, auch Äpfel wurden gekeltert, und wir tranken den Most von der Presse, oft im Übermaß, was sich mit Bauchgrimmen rächte. Unsere Mütter kochten Kamillentee, rührten Haferschleim und trösteten mit Geschichten. Manchmal war Kranksein richtig schön, dann durften wir bei Mutter schlafen.

Kleine Mädchen ganz groß.

Das Mutterkreuz

„Gestalten, behüten, erhalten, bewahren", tönte Hitler vor der Frauenschaft. Mit dem Hinweis auf die hohe Arbeitslosigkeit wurden Frauen zu Beginn der nationalsozialistischen Herrschaft zurück an den Herd verwiesen. Jede Frau, die bei der Eheschließung aus dem Beruf schied, entlaste den Arbeitsmarkt lautete die Propaganda. Nur in begrenzter Zahl wurden Frauen noch an den Hochschulen zugelassen, Karrieren so im Keim erstickt. Nur wenigen Frauen gelang es, diese Hürden zu überwinden.

Man lockte die Frauen zunächst mit Ehestanddarlehen an den häuslichen Herd und ins Kindbett. Sobald eine Frau ihre Arbeit aufgab, erhielt die Familie einen Kredit in Höhe von 1000 Reichsmark, der mit 1 % monatlich getilgt werden musste. Jedes Kind verringerte die Schulden um 25 % und die Tilgung wurde für ein Jahr ausgesetzt. Diese Rechnung ging nicht auf, schon 1938 wurde das Darlehen ohne Auflage vergeben, allerdings begrenzt auf 500 RM. Mit Kriegsausbruch änderte sich die Situation sofort und als „weibliche Reservearmee" wurden die Frauen zur Arbeit in Fabriken verpflichtet.

In seiner Weihnachtsausgabe 1938 kündigte der „Völkische Beobachter" an, dass Mütter mit dem Ehrenkreuz der Mutter ausgezeichnet würden – mit der Aufschrift „Das Kind adelt die Mutter". Es wurde immer an Hitlers Geburtstag verliehen und war in drei Klassen unterteilt:
Bronze für vier und mehr Kinder,
Silber für mehr als sechs Kinder,
Gold für mehr als acht Kinder.

Frauen, die das Mutterkreuz trugen, wurden von der HJ mit „Heil Hitler" gegrüßt, bei Behördengängen vorrangig bedient, hatten in allen öffentlichen Verkehrsmitteln und bei Massenveranstaltungen Anspruch auf einen Sitzplatz. Kaum eine von ihnen trug im täglichen Leben dieses Kreuz! Hierzu eine Geschichte:

Mutterkreuz in Bronze.

G. Haubrich lebte in einem kleinen Eifeldorf, mehr als zehn Kilometer von der Kreisstadt entfernt. Sie hatte sieben Söhne und vier Töchter. Ihr Mann starb vor der Geburt ihres elften Kindes. Alle Söhne mussten in den Krieg. Fünf kamen zurück. Eine Tochter starb. Während dieser Zeit bewirtschaftete sie allein den Hof.

1938 wurde G. Haubrich mit dem Mutterkreuz ausgezeichnet. Sie las die Umrandung und legte es weg – „der deutschen Mutter" stand dort, nicht wie angekündigt „das Kind adelt die Mutter". Nach ihrem Tod fand die Tochter die Auszeichnung in einer Kaffeekanne im Wandschrank der guten Stube.

Vor dieser Mutter hatte nie ein Hitlerjunge salutiert. Sie war zu bescheiden, eine Sonderbehandlung bei Behörden einzufordern. Brauchte auch keinen Sitzplatz in öffentlichen Verkehrsmitteln, weil es die nicht gab. Den weiten Weg in die Kreisstadt legte sie zu Fuß zurück. Das Vorrecht, bei Massenveranstaltung einen Sitzplatz zu beanspruchen, nahm sie nie wahr. Für die Veranstaltung, die sie regelmäßig besuchte, benötigte sie keinen, denn in der Kirche fand sie immer einen Platz. G. Haubrich trug ihr Kreuz klaglos wie viele Mütter.

Endlich Weihnachten

Der Winter malte Eisblumen an die Fenster. Weil die Küchen geheizt waren, ließ die Wärme die schönen Blumen bald verdunsten. Wir malten mit dem Finger unter Anleitung stolz unsere Namen in den Dunst. Winter war auch die Zeit der Geheimnisse. Weihnachten nahte. Mit Mutter wurden Teig gemanscht und Plätzchen gebacken. Es roch nach Zimt, nach Nikolaus und Weihnachten. Wunschzettel wurden gemalt, Lieder und Gedichte eingeübt: „Denkt euch, ich habe das Christkind gesehen"... Überall fragten wir nach, aber keiner hatte es gesehen. Unser Glaube war so unerschütterlich wie der vieler Deutscher an ihren Führer. Für den Esel vom Nikolaus legten wir in der Futterküche Heu und ein Hafersäckchen aus. Das Heu war weg, das Säckchen leer, doch den Nikolaus samt Esel hatten wir nie gesehen.

Während wir mit Mutter in der Mette waren, hatte das Christkind zu Hause die Gaben unter den Baum gelegt. Was es brachte? Einen bunten Teller mit Äpfeln, Nüssen und Plätzchen. Die alte Puppe in neuen Kleidern und den betagten Puppenwagen frisch aufgemöbelt. Teile für den Kaufmannsladen, Panzer, Burgen, Bleisoldaten. Trommeln, Bälle und vielleicht ein Karl-May-Buch für den Bruder, das wir Mädchen später heimlich lasen. Einen Regenschirm für die Schwester, die zu weinen begann, da es nicht regnete. Vater wusste Rat, ging mit ihr in den Garten und ließ es per Gießkanne auf das Weihnachtsgeschenk samt Tochter regnen. Fazit: ein findiger Vater und eine glückliche Tochter.

Stille Nacht ... Weihnachten auf dem Land war anders. Es gab Dörfer, da zog das Christkind mit einem Engel von Haus zu Haus und sprach Dialekt. Manchmal hinkte es wie Loni aus der Nachbarschaft. Die Großen schmunzelten, die Kinder bedauerten es ob der weiten Wege und dachten, es hätte sich Blasen gelaufen.

Väter in Uniform

Allmählich merkten wir, dass was im Busch war. Vater tuschelte mit Mama. Die seufzte nur herzzerreißend und lachte kaum noch. Oft hatte sie verweinte Augen. Aus allen Häusern hingen Hitlerfahnen. In den Straßen stauten sich Militärautos. Überall hieß es, die Männer müssten in den Krieg. Krieg, Krieg, Krieg! Na, und? Unsere Brüder spielten jeden Tag mit Bleisoldaten Krieg. Wir fanden nichts dabei. Wir hatten doch einen Führer, der alles regelte, sagten sie. Wir verstanden nichts. Wie auch?

Im Radio sagte Hitler, dass die Polen jetzt unsere Feinde seien, die besiegt werden müssten. Die Väter trugen Uniformen, die wir toll fanden. Sie zogen für Führer, Volk und Vaterland in den Krieg, um die Polen zu besiegen. Dann kommen die Franzosen und Engländer dran, sagte Herr Goebbels im Radio.

Nicht alle Väter zogen in den Krieg. Viele wurden in der Heimat an ihren Arbeitsplätzen gebraucht, bei Post, Bahn, in Fabriken und Werken, in denen Waffen und Benzin hergestellt wurden. Briefe, die aus Polen und Frankreich kamen, hießen Feldpostbriefe. Die Mütter weinten, waren aber glücklich, dass überhaupt welche kamen.

Hochzeit und danach sofort in den Krieg.

Neugierig auf den **Ernst des Lebens**

Nicht für die Schule, für das Leben lernen …

Der erste Schultag bleibt unvergesslich. Ob die Einschulung zu Ostern 1940 oder 1941 erfolgte, entschied der Geburtsmonat. Schultüten stammten meist von den Geschwistern und waren kärglich gefüllt. Uns kümmerte das nicht. An den Händen der Mütter tappten wir, beladen mit Tüte und Ranzen, an denen gehäkelte Tafellappen baumelten, den grauen Häusern bibbernd entgegen. Die Mädchen in Schulkleidchen. Auf den Tollen der Bubiköpfe prangten in Zuckerwasser gestärkte Haarschleifen, die, wenn es schnell gehen musste, auch schon mal am warmen Ofenrohr geglättet wurden. Andere trugen Zöpfe oder Affenschaukeln mit Zierschleifen. Zum absoluten Muss aber gehörte die von allen Mädchen verhasste Schulschürze. Ab dem zweiten Tag im Einsatz, blieb sie, je nach Gegend, manchen Schülerinnen während der ganzen Schulzeit erhalten.

Chronik

9. April 1940
Deutsche Truppen besetzen Dänemark und Norwegen.

10. Mai 1940
Die Niederlande, Belgien und Luxemburg werden besetzt.

10. Mai 1940
Winston Churchill wird britischer Premierminister und hält am 13. Mai seine berühmte „Blut-Schweiß-und-Tränen-Rede".

12. Mai 1940
Beginn des Blitzkrieges gegen Frankreich.

10. Juni 1940
Italien erklärt Frankreich und Großbritannien den Krieg.

14. Juni 1940
Deutsche Truppen besetzen Paris.

11. Februar 1941
Das Afrika-Korps unter Rommel besetzt Tripolis.

22. Juni 1941
Der Krieg gegen Russland beginnt.

1. September 1941
Per Polizeiverordnung tritt das Tragen des Judensterns in Kraft.

7. Dezember 1941
Japanischer Überfall auf Pearl Harbour, die USA treten in den Zweiten Weltkrieg ein.

20. Januar 1942
Wannseekonferenz, die massenhafte Vernichtung der Juden beginnt.

31. Januar 1943
Die 6. Armee kapituliert, 90 000 Soldaten geraten in Kriegsgefangenschaft.

18. Februar 1943
Goebbels hält seine Sportpalastrede mit der Frage zum totalen Krieg.

22. Februar 1943
Sophie und Ernst Scholl sowie Christoph Probst werden hingerichtet.

19. April 1943
Aufstand der Juden im Warschauer Ghetto, über 50 000 werden ermordet.

Aller Anfang ist schwer!

Keine Tränenfluten schafften sie aus der Welt. Die Jungen kamen in zünftigen Lederhosen, kurzen Stoffhosen oder Matrosenanzügen. Auf dem Stirnband der Mützen las man die Namen berühmter Schiffe. Bismarck stand hoch im Kurs. Neugierig auf den Ernst des Lebens waren wir, nur unsere Lehrer fanden wir ziemlich alt, und das waren sie auch. Die jüngeren kämpften alle im Krieg.

Mit deutschem Gruß, den viele schon aus den Kindergärten kannten, wurde gegrüßt. Wir schmetterten im Chor: „Heil Hitler, guten Morgen, grüß Gott Fräulein Lehrerin", also zuerst der Führer, dann erst der liebe Gott. Das Kruzifix sollte in den Klassen bald dem Führerbild weichen. Allein auf dem Land fand man beide Bilder friedlich nebeneinander, das kam, trotz Verbot, auf Schulleiter und Pfarrer an.

Neugierig auf den Ernst des Lebens

Strafarbeit – 30-mal säen in Schönschrift.

Unser Kinderleben war randvoll mit Pflichten.

Wir lernten noch Sütterlin schreiben und lesen. Einige konnten es schon vor Schulbeginn, ohne hochbegabt zu sein. Sie hatten es den älteren Geschwistern abgeschaut. Die Tornister füllten sich mit Schulbüchern, Tafeln, Griffelkästchen und Turnbeuteln. Kiloweise schleppten wir all das zur Schule, schrieben Diktate, Rechenarbeiten, erledigten Hausaufgaben und heimliche Strafarbeiten fürs Schwätzen. Fleißbilder für gute Leistungen waren seltener.

Oft wurden vier, ja, sogar acht Klassen wechselweise in einem Raum unterrichtet. Während die Lehrer mit den Kleinen beschäftigt waren, schrieben die Großen Aufsätze oder Rechenarbeiten. Stille Stunde nannte man das. Disziplin war oberstes Gebot. Ruhiges Sitzen und Schweigen, für manche Erstklässler eine Qual, die sich irgendwann legte.

Das Schrillen der Sirenen

In den Städten wurde es brenzlig. Luftschutzgepäck bedeutete: ein Beutel mit den wichtigsten Papieren, Ausweis, Zahnbürste, Seife und Unterwäsche, den jedes Kind bei sich tragen musste. Es gab zwei Arten von Alarm. Voralarm, dreimal kurz, und Vollalarm. Die Entwarnung war immer ein langer Ton.

Von 1942 an schliefen wir auf Etagenbetten in den Kellern, die jetzt Luftschutzkeller hießen. Alle Räume hatten Fluchtwege, mit losen Steinen verfüllte Durchbrüche zu den Nachbarhäusern. Das Schrillen der Sirenen war schlimmer als der tägliche Löffel Lebertran. Doch da kannten unsere Mütter kein Pardon. Beides diene zu unserem Besten, erklärten sie. Lebertran stand auf der Igitt-Liste, für Mädchen direkt über der Schulschürze und für Buben vor den verhassten Leib und Seelchen. Die Angst wurde unser ständiger Begleiter. Auch an sie gewöhnten wir uns. Bisher war es meist Probealarm gewesen.

Wenn zwei sich streiten…

Schiefertafeln waren knapp. Wer eine neue besaß, hatte Glück. Die anderen erbten eine von älteren Geschwistern. Der Neid trieb wilde Blüten. Eine kleine Begebenheit dazu: „Guck mal, meine Tafel ist funkelnagelneu“ flüsterte Peter der Bruni auf der Nachbarbank zu. Die hatte eine alte, total zerkratzte mit neu nachgezogenen Linien vor sich liegen. Ein kleines bisschen neidisch, doch clever, zischte Bruni zurück: „Dafür ist meine Friedensware und viel stärker. Wetten? Sitzprobe nach dem Unterricht.“ Die Wette galt. Zuschauer – alle Erstklässler. Peter, stämmig und wohlgenährt, sah, wie die zarte Bruni sich mit Schwung auf das alte Schreibgerät setzte. Die Tafel hielt. Was er nicht sah, war, dass das schlaue Ding sich bei alledem äußerst vorsichtig niedergelassen hatte. Peter ließ vertrauensvoll seine gepolsterten Vierbuchstaben auf das neue Stück fallen. Fazit: Tafel entzwei – Riesengeschrei.

Der Auftritt der Mütter am Nachmittag: hitziges Geplänkel – grußloser Abschied. Peinlich in einem Dorf, wo jeder jeden kennt. Die Väter regelten es per Augenzwinkern mit Bier. Man brauchte sich schließlich in diesen Zeiten. Von da an waren Bruni und Peter beste Freunde.

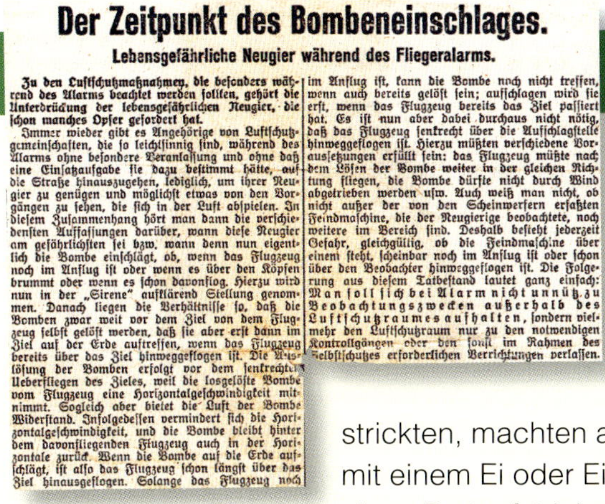

Der Zeitpunkt des Bombeneinschlages.

Lebensgefährliche Neugier während des Fliegeralarms.

Zu den Luftschutzmaßnahmen, die besonders während des Alarms beachtet werden sollen, gehört die Unterdrückung der lebensgefährlichen Neugier, die schon manches Opfer gefordert hat.

Immer wieder gibt es Angehörige von Luftschutzgemeinschaften, die so leichtsinnig sind, während des Alarms ohne besondere Veranlassung und ohne daß eine Einsatzaufgabe sie dazu bestimmt hätte, auf die Straße hinauszugehen, lediglich, um ihrer Neugier zu genügen und möglichst etwas von den Vorgängen zu sehen, die sich in der Luft abspielen. In diesem Zusammenhang hört man dann die verschiedensten Auffassungen darüber, wann diese Neugier am gefährlichsten sei bzw. wann denn nun eigentlich die Bombe einschlägt, ob, wenn das Flugzeug noch im Anflug ist oder wenn es über den Köpfen brummt oder wenn es schon davonflog. Hierzu wird nun in der „Sirene“ aufklärend Stellung genommen. Danach liegen die Verhältnisse so, daß die Bomben zwar weit vor dem Ziel von dem Flugzeug selbst gelöst werden, daß sie aber erst dann im Ziel auf der Erde auftreffen, wenn das Flugzeug bereits über das Ziel hinweggeflogen ist. Die Auslösung der Bomben erfolgt vor dem senkrechten Ueberfliegen des Zieles, weil die losgelöste Bombe vom Flugzeug eine Horizontalgeschwindigkeit mitnimmt. Sogleich aber bietet die Luft der Bombe Widerstand. Infolgedessen vermindert sich die Horizontalgeschwindigkeit, und die Bombe bleibt hinter dem davonfliegenden Flugzeug auch in der Horizontale zurück. Wenn die Bombe auf die Erde aufschlägt, ist also das Flugzeug schon längst über das Ziel hinausgeflogen. Solange das Flugzeug noch im Anflug ist, kann die Bombe noch nicht treffen, wenn auch bereits gelöst sein; aufschlagen wird sie erst, wenn das Flugzeug bereits das Ziel passiert hat. Es ist nun aber dabei durchaus nicht nötig, daß das Flugzeug senkrecht über die Aufschlagstelle hinweggeflogen ist. Hierzu müßten verschiedene Voraussetzungen erfüllt sein: das Flugzeug müßte nach dem Lösen der Bombe weiter in der gleichen Richtung fliegen, die Bombe dürfte nicht durch Wind abgetrieben werden usw. Auch weiß man nicht, ob nicht außer der von den Scheinwerfern erfaßten Feindmaschine, die der Neugierige beobachtete, noch weitere im Bereich sind. Deshalb besteht jederzeit Gefahr, gleichgültig, ob die Feindmaschine über einem steht, scheinbar noch im Anflug ist oder schon über den Beobachter hinweggeflogen ist. Die Folgerung aus diesem Tatbestand lautet ganz einfach: Man soll sich bei Alarm nicht unnütz zu Beobachtungszwecken außerhalb des Luftschutzraumes aufhalten, sondern vielmehr den Luftschutzraum nur zu den notwendigen Kontrollgängen oder den sonst im Rahmen des Selbstschutzes erforderlichen Verrichtungen verlassen.

Lebensgefährliche Neugier.

Fast wie die Ruhe vor dem Sturm

In den Städten war die Versorgung schlecht. Die Mütter nähten, strickten, machten aus fast nichts noch was, zauberten mit einem Ei oder Eiersatz, Magermilch, Salz und Mehl einen Brotaufstrich, der sogar schmeckte. Krümel aus Ei, Mehl und Zucker, in kochende Milch gerührt, wurde die berühmte Eierrivelchensuppe, eine sättigende Abendmahlzeit, im Sommer, wenn vorhanden, mit frischem Obst, im Winter mit gedörrtem serviert.

In ländlichen Gegenden lebten die Menschen fast noch wie im Frieden. Vor allem gab es genug zu essen. Wenn die Jabos, Kurzname der Jagdbomber,

Versorgung wird großgeschrieben.

auf freiem Feld Bomben fallen ließen, suchten die Kinder hinterher begeistert nach Splittern, die begehrte Tauschobjekte waren. Der Krieg spielte sich in katholischen Gegenden fast rund um das Kirchenjahr ab. Keine Prozession, kein Bittgang und keine Wallfahrt fiel aus. Wurde ein Pilgergang durch Tiefflieger gestört, lief man in den angrenzenden Wald und wartete, bis die Gefahr vorüber war. Das Gottvertrauen der Menschen auf dem Land war unerschütterlich.

Alles wird rationiert

Seit Einführung der Lebensmittelkarten teilten sich die Menschen in Normalverbraucher und Selbstversorger. Selbstversorger waren Bauern, denen Vieh und Feldprodukte angerechnet wurden. Viehzählungen fanden statt. Misstrauen kam auf. Stand man vor dem Krieg für den Nächsten ein, so war sich jetzt jeder selbst der Nächste. Schwarz zu schlachten war verboten. Jeder tat es! Keiner sprach darüber! Der Hausschlachter eilte abends von Hof zu Hof und manches Schwein überstand nur im Vollrausch, in der Futterküche versteckt, eine Razzia. Verwandelte sich später, noch im Tran, in Wurst, Fleisch und Schinken.

Reichskleiderkarten wurden eingeführt und bestanden aus Punkten. Pro Person 100 Punkte. Gültig für ein Jahr. Jedes Teil hatte seinen Punktwert. Es gab Berechtigungs- und Bezugsscheine für Kohle, Holz, Schuhe, Möbel und anderes. Farbige Karten unterschieden die Waren und hatten eine Unterteilung: in Normalverbraucher, werdende Mütter und Kinder, Schwer- sowie Schwerst-Arbeiter und wurden monatlich ausgegeben. Sonderzuteilungen zu bestimmten Zeiten waren durch Buchstaben gekennzeichnet. Für diese Kartenflut gab es Mappen, um sie wie Schätze zu hüten. Sie bedeuteten Nahrung für einen Monat. Die Lebensmittelhändler führten Kundenlisten und die Waren wurden stets angekündigt. Dann hieß es Schlange stehen. Wie bei Vollalarm waren die Straßen in Windeseile leergefegt. Im Schaufenster unseres Metzgers hing während des ganzen Krieges ein Schild: Morgen gibt es Fleisch.

Wir sahen und verstanden nichts

Dass die Lebensmittelkarten für Juden anders aussahen und weniger Kalorien auswiesen, wussten wir nicht. Auch nicht, dass Juden nur in bestimmten Läden kaufen durften, ohne ärztliche Versorgung, Telefon, Radio und Auto waren. Jeder Jude musste ab dem sechsten Lebensjahr einen gelben Stern tragen. Unsäglich gedemütigt und diskriminiert, galten sie als Reichsfeinde. Wir ahnten nichts von den unzähligen Kindern, die ein einziger Mensch, den damals noch fast alle anbeteten, nicht erwachsen werden ließ. Wussten nichts von Eltern und Angehörigen, die sie auf diesen Wegen begleiten mussten. Nichts von KZ und Gasöfen. Aber wir sahen eingeschlagene Fenster, sahen uns bekannte Menschen mit Koffern ihre Wohnungen verlassen und schauten zu, wie ihre Möbel verladen wurden. Wir hatten Spielkameraden in diesen Häusern, die nicht mehr zum Spielen kamen, und hielten sie für krank. Fragten wir unsere Eltern, sahen sie sich an, schüttelten den Kopf und schickten uns raus. Wussten sie wirklich nichts?

Wir lauschten an verschlossenen Türen, verstanden kaum was und fantasierten uns damit eine eigene Welt zusammen, weil keiner uns die richtige erklärte. Dass Fallschirmspringer über Kreta absprangen, die Insel eroberten, fanden wir heldenhaft. Dass es entsetzliche Verluste gegeben hatte, berichteten weder Radio noch Zeitung. Warum Rommel in Afrika kämpfte oder was Rudolf Heß in Schottland wollte, brauchten wir nicht zu wissen. Wir sollten lernen, durften spielen und hatten zu parieren.

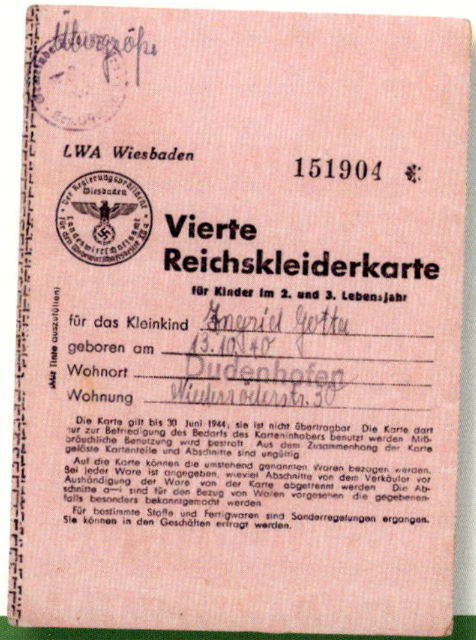
LWA Wiesbaden

151904

Vierte Reichskleiderkarte

für Kinder im 2. und 3. Lebensjahr

für das Kleinkind

geboren am 13.10.40

Wohnort Dudenhofen

Wohnung

(Mit Tinte auszufüllen!)

Die Karte gilt bis 30. Juni 1944; sie ist nicht übertragbar. Die Karte darf nur zur Befriedigung des Bedarfs des Karteninhabers benutzt werden. Mißbräuchliche Benutzung wird bestraft. Aus dem Zusammenhang der Karte gelöste Kartenteile und Abschnitte sind ungültig.

Auf die Karte können die umstehend genannten Waren bezogen werden. Bei jeder Ware ist angegeben, wieviel Abschnitte von dem Verkäufer vor Aushändigung der Ware von der Karte abgetrennt werden. Die Abschnitte a—i sind für den Bezug von Waren vorgesehen, die gegebenenfalls besonders bekanntgemacht werden.

Für bestimmte Stoffe und Fertigwaren sind Sonderregelungen ergangen. Sie können in den Geschäften erfragt werden.

Reichskleiderkarte –
… nur zur Befriedigung des persönlichen Bedarfs.

Mädchen-Spiele

Wir lernten mehr und weniger fleißig, besaßen Lese-, Rechen-, Sprachlehre-Bücher und einen Katechismus und erhielten die ersten Zeugnisse. Nach Schule und Hausaufgaben waren kleine Verrichtungen zu erledigen, ehe es zum Spielen ging. Freundinnen besuchten uns oder wir sie, aber nie ohne Abmeldung. Die Mütter wollten stets wissen, wo wir waren, wegen der drohenden Gefahr.

Wir spielten mit Puppenstuben, die oft an der Wand hingen und Einblick in jedes Zimmerchen gewährten, wirkten erzieherisch auf unsere Puppen ein und versohlten ihnen den Po. Sprangen Seil, liefen auf Stelzen, spielten Waschtag, wuschen an Pfützen heimlich unsere Taschentücher, hängten sie zum Trocknen auf Hecken, vergaßen sie einzusammeln, heimsten dafür Ohrfeigen oder Schimpfe ein und nahmen dennoch keinen Schaden fürs Leben.

Deutsche Schriftsteller im Exil

Zahllose deutsche Schriftsteller flüchteten vor den Nazis nach Südfrankreich. Unter ihnen Bertolt Brecht, Lion und Martha Feuchtwanger, Franz Werfel, Alma Mahler-Werfel und der Nobelpreisträger Thomas Mann, um nur einige aufzuzählen. Aus allen Ländern Europas strömten Künstler dazu, die sich um die notwendigen Papiere bemühten, damit sie den Kontinent verlassen konnten. Marseille galt als Tor zur Freiheit, da Südfrankreich bis 1942 unbesetzt blieb. Über Marseille gelang vielen von ihnen die Flucht. Größere Orte im Midi waren als Wohnsitze zu teuer. So wurde das malerisch gelegene Sanary-sur-mer die heimliche Hauptstadt der deutschen Exilliteratur. Anziehungspunkt war wohl Thomas Mann, der hier an „Joseph und seine Brüder" arbeitete. Feuchtwanger lebte mit seiner Frau über sieben Jahre dort und schrieb „Der Teufel in Frankreich". Um die beiden Künstler scharten sich viele andere. In den kleinen Cafés von Sanary-sur-mer las Brecht seine Gedichte und sang zur Gitarre Anti-Hitler- und -Goebbels-Lieder. Eine Gedenktafel kündet von dieser Zeit. Von Brecht bis Zweig sind alle dort verewigt.

Thomas Mann.

Bertolt Brecht.

Ein Kindergeburtstag.

Kindlich stolz präsentiert sich dieses Mädchen in der Uniform des Vaters.

Räuber und Gendarm

Auch Jungs hatten Pflichten. Sie waren für Kohle und Brennholz in der Küche verantwortlich, harkten Gemüsebeete und schichteten Briketts im Keller auf. Erst dann trafen sie sich mit den Freunden, spielten Räuber und Gendarm, trieben Bälle durch die Straßen, kämpften in Mannschaften, bauten Hütten und Baumhäuser, auf die sie sogar manchmal Mädchen ließen. Bei Regen waren Eisenbahnen, Burgen, Ritter, Zinn- und Bleisoldaten, Panzer und Kanonen aus Blech an der Reihe. Sie spielten Krieg. Im Radio sang Lale Andersen „Lilli Marleen“. Wir Kinder schmetterten alle Strophen mit, fanden das Lied „Vor der Kaserne“ überwältigend, ohne den Text zu begreifen …

Die Große passt auf den Kleinen auf.

Gerne besuchen wir unsere Großeltern.

Zu den Großeltern aufs Land

Die Stadtkinder, deren Eltern vom Land kamen, fuhren im Sommer mit der Reichsbahn dorthin. Drei- bis viermal umsteigen und Wartezeiten, oft auf freier Strecke, waren Tortur für die Eltern und Abenteuer für die Kinder, weil die Reise einen ganzen Tag dauerte. Die gepolsterten Mutter-und-Kind-Abteile, in denen jetzt auch Offiziere saßen, waren klasse. Wir im Sonntagsstaat, Mutter in Kostüm und Hut, zart nach 4711 riechend. Die Reisetasche, von Vater lästerlich Erbbegräbnistasche genannt, hielt sie fest umklammert. Sie barg alle Papiere samt der wichtigen Lebensmittelkarten, die auch auf Reisen Gültigkeit hatten, wenn sie vorher angemeldet waren, und den Reiseproviant. War Vater dabei, mussten wir in der unbequemen Holzklasse reisen. Am Ziel holte Großvater uns mit dem Kuhwagen ab.

Sommerfrische

Für Stadtkinder war die Zeit auf dem Land paradiesisch, für ihre Eltern arbeitsreich, weil die meisten Jungbauern im Krieg waren. Aber selbst das Paradies ersetzt keine noch so hässliche Kohlenstadt, die eben das Zuhause war. Nach vier Wochen Landleben, Tiere streicheln, barfuß laufen, im Bach baden, Honig und kuhwarme Milch sehnten sich die Kinder in ihre Heimatstädte zurück, obwohl sie nicht wussten, was sie dort erwarten würde. Glücklich, die Ferien hinter sich zu haben, tranken sie wieder bläuliche Magermilch, die nicht aus Kühen, sondern aus der Milchfrau kam. Manche von uns glaubten das felsenfest … mich eingeschlossen!

Lieber Tommy fliege weiter …

… hier wohnen nur die Ruhrarbeiter … gab das Kind einen aufgeschnappten Spruch zum Besten und fing sich dafür strafende Blicke ein. Der anwesende Großvater meinte: „Das Mädchen hat recht" und stapfte wütend aus dem Zimmer. Einen anderen Spruch, den es ebenfalls gehört, aber nicht verstanden hatte, verschluckte das Kind erschrocken. Abends im Bett flüsterte es der Schwester zu: „Du, ich kenne ein neues Gebet."

Lieber Gott, mach mich taub,
Dass ich nicht am Radio schraub.
Lieber Gott, mach mich blind,
Dass ich alles herrlich find.
Bin ich taub und bin ich blind,
Bin ich Adolfs liebstes Kind."

Die Schwester stand auf, sagte, sie müsse zum Klo, ging und verpetzte sie. Die Mutter kam erschrocken ins Zimmer und erklärte ihrer kleinen Tochter, dass das kein Gebet sei, nie mehr aufgesagt werden dürfe, und drohte mit der Essigstrafe.

Vetter Paul, von dem es stammte, wurden die gleichen Verbote erteilt und Haue dazu, die er sofort an die Kusine weitergab, und es wurde gesagt, dass der Führer immer nur das Beste wollte. Das tat Hitler dann auch, sprach von den tapferen Vätern, erklärte Russland den Krieg und schickte so unzählige von ihnen in den Heldentod. Im Dezember trat auch Amerika in den Weltkrieg ein.

Wir hörten Ostfront, Westfront, Vergeltungswaffe und Wunderwaffe V1. Die Mütter hörten spätabends unter Decken Radio vom englischen Sender, obwohl sie und wir wussten, dass das Abhören feindlicher Sender verboten war. Schiere Angst hielt uns ab, Fragen zu stellen. Denn besorgt wie sie waren, blieben sie uns die Antworten sowieso schuldig. Mütter waren für ihre Kinder das Ein und Alles, im wahrsten Sinne des Wortes. Ungezählte Väter waren gefallen, vermisst, u.k. (unabkömmlich) gestellt oder kämpften an der Front.

Manche finden in den Trümmern Material zum Spielen.

Schlagzeilen

1940
- *Im Warschauer Ghetto waren 350 000 Juden eingeschlossen*
- *Der Walt-Disney-Film „Pinoccio" läuft in den USA an*
- *Charlie Chaplins Film „Der große Diktator" wird uraufgeführt*
- *„Wem die Stunde schlägt" von Ernest Hemingway erscheint*
- *bester Film: „Rebecca" von Alfred Hitchcock*
- *Die ersten Nylons kommen auf den Markt*

1941
- *In Zürich stirbt der Schriftsteller James Joyce*
- *Das Tragen des Judensterns wird zur Pflicht*
- *Buch: „Der stille Don" von Michail Scholochow*
- *Film: „Quax der Bruchpilot" mit Heinz Rühmann*
- *Schlager: „Lilli Marleen" mit Lale Andersen*

1942
- *In der Schweiz werden Grundnahrungsmittel rationiert*
- *Buch: „Das siebte Kreuz" von Anna Seghers*
- *Film: „Casablanca" mit Ingrid Bergmann, Humphrey Bogart*
- *Schlager: „White Christmas" mit Bing Crosby und „Ich tanze mit dir"*

1943
- *Mahatma Gandhi tritt in den Hungerstreik*
- *Der erste Düsenjäger wird getestet*
- *Buch: „Der kleine Prinz" von Antoine de Saint Exupéry*
- *Film: „Wem die Stunde schlägt" mit Gary Cooper*
- *Schlager: „Einen wie dich ..." mit Zarah Leander*

Tag und Nacht

Am Tag kamen die Amerikaner, in der Nacht die Engländer und bombardierten deutsche Städte. Die Fenster waren mit besonderen Rollos oder schwarzen Tüchern verdunkelt. Jeden Abend wurde nach Lichtfetzen Ausschau gehalten. Wir schliefen in Kleidern im Keller und waren morgens hundemüde. In den Städten

Köln 1945. Der Dom hat überlebt.

mussten die UK-Männer Sonderschichten für die Rüstung und Benzol ableisten und starben oft durch Bomben. Ihre Familien blieben sich selbst überlassen. Es gab Frauen und Kinder, die in einer Nacht den Mann und Vater, das Haus und die Heimat verloren. Kinder, die so zum ersten Mal dem Tod begegneten, ohne zu wissen, was tot sein bedeutet.

An Weihnachten gibt es endlich Post von zu Hause.

Heimweh verboten

Die Kinderlandverschickung war von der HJ-Führung angeordnet worden und wurde von der Reichsjugendführung der NSDAP finanziert und organisiert. Schulkinder aus gefährdeten Städten und den Ostgebieten reisten allein oder mit ihren Lehrern für Wochen oder Monate in vermeintlich sichere Gegenden. Zum Beispiel in die Nähe von Bautzen und später, als die deutschen Lager nicht ausreichten, in die von „Volksdeutschen“ besiedelten Gebiete Ungarns und der Slowakei. Die Kinder lebten in Lagern und Baracken. Lagerleiter waren Lehrer und HJ-Führer.

Es gibt und gab unterschiedliche Meinungen, die einen hatten es gut getroffen, hatten ausreichendes Essen, gingen morgens zum Schul- und Sportunterricht, wurden ärztlich betreut und durften den Nachmittag selbst gestalten. Andere wiederum waren kaserniert, erlebten Drill pur, hungerten und hatten Heimweh, was verboten war. Manche Mütter holten unter großen Strapazen ihre Kinder nach Hause zurück.

Endlich in Sicherheit

Es wurde angeordnet, dass ausgebombte Bürger sofort evakuiert werden mussten, egal wohin. Sicherheit war das höchste Gebot. Wer einst vom Land in die Stadt gekommen war, hatte die Möglichkeit, ins Elternhaus zurückzukehren. Ein Glücksfall für die Betroffenen. Jedenfalls besser, als ins fremde Irgendwo zu flüchten. Nur weg aus den Städten, wo Häuser und Wohnungen in Schutt und Asche lagen. Tag und Nacht fielen Bomben und Luftminen. Die Ausgebombten wurden sichereren Gauen und Orten zugeteilt. Fehlende Räume wurden beschlagnahmt. Die Bauernhäuser und Dörfer waren nicht auf Mieter eingerichtet. Es gab weder Bäcker noch Metzger. Die Bauern waren Selbstversorger. Ein Lebensmittelladen bot die einzige Einkaufsmöglichkeit. Die Kreisstadt war weit entfernt. Verkehrsmittel war nur das Milchauto, das morgens die Milch zur Molkerei brachte. Die Dörfer hatten keine Straßenbezeichnungen und waren nach Lage der Anwesen nummeriert. Die evakuierten Frauen und ihre Kinder hieß niemand willkommen. Doch wer bereit war, gegen Naturalien in der Landwirtschaft zu helfen, dem ging es besser. Oft wurden so aus ungebetenen Fremden Freunde und blieben es manchmal ein Leben lang. Trotz der kargen, kalten Zimmer ohne Heizmöglichkeit entstanden Heimatgefühle. Sie fühlten sich in Sicherheit, nur das zählte.

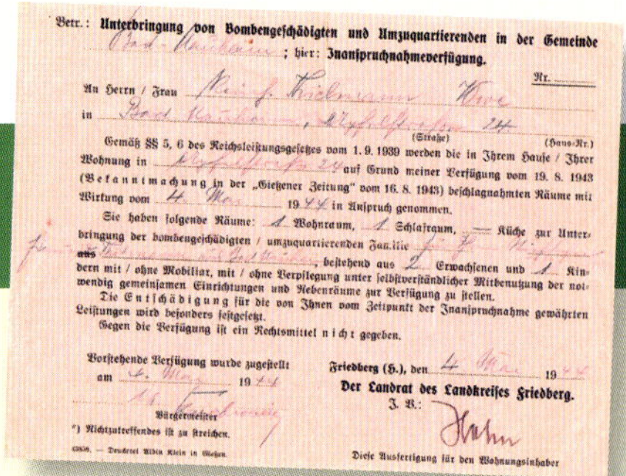
Betr.: Unterbringung von Bombengeschädigten und Umzuquartierenden in der Gemeinde ; hier: Inanspruchnahmeverfügung.

Nr.

An Herrn / Frau

in

(Straße) (Haus-Nr.)

Gemäß §§ 5, 6 des Reichsleistungsgesetzes vom 1. 9. 1939 werden die in Ihrem Hause / Ihrer Wohnung in auf Grund meiner Verfügung vom 19. 8. 1943 (Bekanntmachung in der „Gießener Zeitung" vom 16. 8. 1943) beschlagnahmten Räume mit Wirkung vom 4. 19 44 in Anspruch genommen.

Sie haben folgende Räume: 1 Wohnraum, 1 Schlafraum, — Küche zur Unterbringung der bombengeschädigten / umzuquartierenden Familie aus , bestehend aus 2 Erwachsenen und 1 Kindern mit / ohne Mobiliar, mit / ohne Verpflegung unter selbstverständlicher Mitbenutzung der notwendig gemeinsamen Einrichtungen und Nebenräume zur Verfügung zu stellen.

Die Entschädigung für die von Ihnen vom Zeitpunkt der Inanspruchnahme gewährten Leistungen wird besonders festgesetzt.

Gegen die Verfügung ist ein Rechtsmittel nicht gegeben.

Vorstehende Verfügung wurde zugestellt am 4. 19 44

Bürgermeister

Friedberg (H.), den 4. 19 44

Der Landrat des Landkreises Friedberg.

I. A.:

*) Nichtzutreffendes ist zu streichen.

— Druckerei Albin Klein in Gießen

Diese Ausfertigung für den Wohnungsinhaber

Wer von den Bomben verschont blieb, nahm Ausgebombte auf.

Durchschlafen war wunderbar

Der Heimatort der Eltern war oft für ihre Kinder die Fremde. Die jährlichen Besuche zählten nicht. Sie erfuhren Ablehnung, ja Anfeindung, von den Dorfkindern. Anpassung hieß das Wort, mit dem beide Seiten umgehen lernten. Die kleinen Städter ahmten ihren Dialekt nach. Umgekehrt übten die Dorfkinder sich im Hochdeutsch für die Schule. Die Sicherheit, die noch auf dem Land herrschte, half auch beim Eingewöhnen. Das als schrecklich Erlebte rückte in die Ferne.

Durchschlafen war wunderbar. Dass die Leute unter sich nur Dialekt sprachen, die Schule hier anders gewichtet wurde und die Kirche im Mittelpunkt stand, war neu für die Kinder. Ungewöhnlich war, dass morgens nicht nur die Schulkinder die Messe besuchten. Die Erstkommunion nahte. Das Bibbern vor der ersten Beichte war nach Aussage größerer Geschwister stinknormal und dennoch schürten sie es: Ich habe gelogen, ich habe gestohlen, ich habe die Katz am Schwanz gezogen. Lange Listen mit lässlichen Sünden erschienen uns im Traum …

Weißer Sonntag

Nach vier Kriegsjahren machten den Müttern die Kleiderfragen große Sorgen. Gebraucht, geliehen oder aus Alt mach Neu! Die Eitelkeit hatte vor dem Krieg keinen Respekt. Unsere Mütter zauberten. Ob das Kleid aus dem Batist-Nachthemd der Oma, aus Fallschirmseide, ob es geschneidert oder geliehen war, merkten wir sowieso nicht. Mit Haarschleifen und Schuhen aus Frankreich vom Patenonkel wurde der Feststaat komplett. Das Wort Mode war für uns ein Fremdwort.

Bei den Buben verlief es ähnlich. Hauptsache war, dass der für unser Seelenheil so wichtige Tag ohne feindliche Störung verlief. Unter feierlichem Geläut zog die Prozession in die Kirche ein. Halb verhungert, weil nüchtern, absolvierten wir mit knurrendem Magen tapfer die lange Feier. Dass der Leib Christi nach nichts schmeckte, machte nichts. Wohl aber, dass er wie Beton am Gaumen klebte und nur mittels Zungenverrenkungen entfernt werden konnte. Die anschließende Familienfeier war schön. Geschenke gab es außer einem Poesiealbum, Kriegsware, auf der die Tinte kleckste und verlief, kaum. Und Geld, für das es nichts zu kaufen gab, war kein Geschenk.

Zerstreuung trotz Angst

Sommerliche Abkühlung in der Zinkwanne.

In den Städten wurde es immer gefährlicher. Wie unter Zwang suchten die Menschen nach Zerstreuung, gingen zu Fußballspielen, in Theater und Kinos, sahen Filme mit Heinz Rühmann, Christina Söderbaum und Hans Albers. Heimatfilme wie „Wetterleuchten um Barbara“ waren für Kinder freigegeben.

In der Wochenschau zeigten sie tapfere Soldaten an allen Fronten, die immer siegten und immer auf dem Vormarsch waren. Wir bewunderten stolze Schiffe, Panzer und Kanonen. Die Kinder vom Land hatten kein Kino. Was man nicht hat, vermisst man nicht. Der Krieg war Normalität geworden. Wir waren neun Jahre alt, hatten viel im Frieden erlebt, ohne zu wissen, was Frieden war. Alle bemühten sich, trotz der Angst ein fast normales Leben zu führen.

Hungersnot und Hamsterfahrten

Unser Kriegsalltag

„Es steht ein Soldat am Wolgastrand", „Tapfere kleine Soldatenfrau" und „Komm zurück" sangen sie im Radio. Unzählige kamen nicht zurück. Die Frauen schickten Feldpostpäckchen und warteten. Jeder Brief von der Front war ein Lebenszeichen. War er das wirklich? Oft kamen Monate nach der offiziellen Benachrichtigung – „Gefallen für Führer, Volk und Vaterland" – noch Feldpostbriefe an, die erneut wahnwitzige Hoffnungen schürten. In den Städten sah es trostlos aus. Es fehlte an allem, vor allem an Brot. Trotz der Verbote wechselten Brotkarten oft die Besitzer. In den Städten hungerten die Menschen und waren Tag und Nacht Bombenangriffen ausgesetzt. Kriegsalltag.

Auf dem Land lebte man noch sicherer. Noch! Den Krieg spürte man hier anders. Diese Zeit trennte und verband zugleich. In fast jeder Familie fehlte

Chronik

6. Juni 1944
Landung der Alliierten in der Normandie.

September 1944
Alle wehrfähigen Männer zwischen 16 und 60 müssen zum Volkssturm.

6. Dezember 1944
Beginn der Ardennenoffensive.

27. Januar 1945
Die Rote Armee befreit Auschwitz, Ostpreußen ist eingeschlossen. Die Wilhelm Gustloff mit über 5000 Menschen an Bord wird in der Ostsee versenkt.

4. Februar 1945
Konferenz von Jalta: Roosevelt, Churchill und Stalin teilen Europa.

März 1945
Anne Frank stirbt im KZ Bergen-Belsen.

30. April 1945
Selbstmord Hitlers, mit ihm sterben Goebbels und seine Familie.

7. bis 9. Mai 1945
Bedingungslose Kapitulation, Ratifizierung in Reims.

17. Juli 1945
Die Potsdamer Konferenz teilt Deutschland in vier Zonen.

6. und 9. August 1945
Atombomben auf Hiroshima und Nagasaki.

20. November 1945
Die Nürnberger Prozesse beginnen.

17. Januar 1946
Der UN-Sicherheitsrat hält seine erste Sitzung ab.

30. September 1946
In Nordrhein-Westfalen finden die ersten Kommunalwahlen statt.

5. Juni 1947
Die USA verkünden den ERP- oder Marshall-Plan.

4. Januar 1947
Die Erstausgabe des Spiegels erscheint.

März und Mai 1947
Hungerdemonstrationen im Ruhrgebiet und in Hamburg.

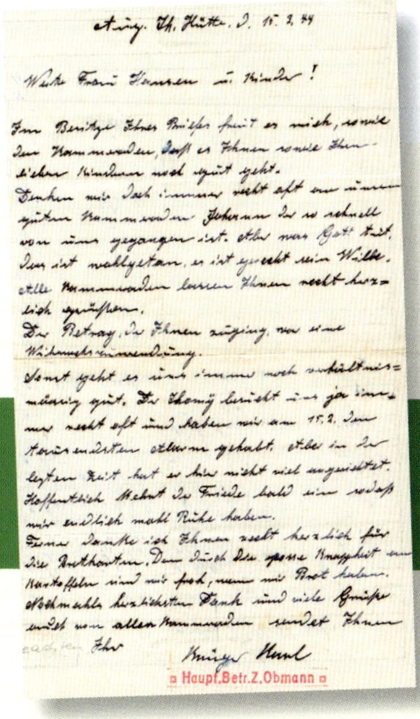
Aug. Th. Hütte. d. 15. 2. 44

Werte Frau Hansen u. Kinder!

Im Besitze Ihres Briefes freut es mich, sowie die Kameraden, daß es Ihnen sowie Ihren lieben Kindern noch gut geht.
Denken wir doch immer recht oft an unseren guten Kameraden Johann der so schnell von uns gegangen ist. Aber was Gott tut, das ist wohlgetan, es ist gerecht sein Wille.
Alle Kameraden lassen Ihnen recht herzlich grüßen.
Der Betrag, der Ihnen zuging, war eine Weihnachtszuwendung.
Sonst geht es uns immer noch verhältnismäßig gut. Der Tommy besucht uns ja immer recht oft und haben wir am 15.2. den tausendsten Alarm gehabt. Aber in der letzten Zeit hat er hier nicht viel angerichtet. Hoffentlich kehrt der Friede bald ein, sodaß wir endlich mal Ruhe haben.
Ferner danke ich Ihnen recht herzlich für die Brotkarten. Denn durch die große Knappheit an Kartoffeln sind wir froh, wenn wir Brot haben.
Nochmals herzlichsten Dank und viele Grüße auch von allen Kameraden sendet Ihnen Ihr

Krüger Karl
Hauptf.Betr.Z.Obmann

Brief – Danke für die Brotmarken.

der Mann. Die Dorfbewohner bestanden aus Frauen, alten Männern und Kindern. Abends traf man sich, berichtete vom neuesten Stand der Fronten, Briefe wurden vorgelesen, sie informierten und trösteten jene, die schon lange ohne Nachricht waren. Auf dem Tisch lag der Atlas und man reiste mit den Fingern den Soldaten nach. Unser Onkel hatte mit der Familie eine Verschlüsselung vereinbart. Er schrieb in seinen Briefen kleingeschriebene Wörter mit großen Anfangsbuchstaben. Die zusammen ergaben den Abschnitt oder Ort, wo er bei Absendung des Briefes gewesen war. So lernten wir die Weiten Russlands von der Insel Krim bis in den Norden Kurlands kennen.

Wir mussten früh ins Bett und lauschten heimlich den selbst verfassten Versen der heimwehgeplagten Männer: „Guter Mond, in hellem Licht, du siehst meine Frau, ich seh sie nicht. Einst war ich glücklicher als du, ich küsste sie und du schautest zu." Danach hörte man Radio, nicht jeder besaß eines.

Sowjetische Kriegsgefangene.

Insgeheim hörten alle, auch auf dem Land, heimlich verbotene Sender unter Wolldecken, z. B. den „englischen Sender“.

Der Todesbote, wie der Ortsbauernführer jetzt genannt wurde, kam fast täglich in irgendein Haus. Immer mehr Frauen trugen Trauer. Immer mehr Kinder wurden zu Halbwaisen.

Kriegsgefangene Polen, Russen und Franzosen wurden den Bauern als Erntehelfer zugeteilt. Die Männer entpuppten sich meist als willig und kinderfreundlich. Es war verboten, sie mit der Familie zu verköstigen und unterzubringen. Kaum einer hielt sich daran. Wer schwer arbeitete, sollte ausreichend essen, und viele trugen die Kleider und Schuhe der gefallenen Soldatensöhne- und Väter. Ausnahmen gab es auch, die ohne Schuhe und ausreichende Kleidung im Stall oder in der Scheune schliefen und in der Futterküche essen mussten, von dem, was übrig war. Etliche von ihnen rächten sich nach der Kapitulation bei ihren „Arbeitgebern“ für diese Behandlung – von Brandlegung bis Mord.

Manche Polen sprachen gut Deutsch. Von „unserem“ lernten wir ein wenig Polnisch. Er hatte keine Ahnung von Landwirtschaft, war sehr fleißig, machte jede Arbeit und versuchte nebenbei noch unsere Wünsche zu erfüllen. Von der Plantage des Gutsbesitzers klaute er Äpfel für uns, weil die besser schmeckten. Beim Vogelkirschenpflücken fiel er vom Baum und hinkte wochenlang. Ohne diese Menschen wäre es vielen schlechter gegangen.

Heilkräuter für die Soldaten

Naturkundeunterricht fand bei gutem Wetter im Freien statt. Kartoffelkäfer sammeln gehörte zu den unappetitlichen Verrichtungen. Lieber pflückten wir Taubnesseln, Holunderblüten, Brombeer- und Haselnussblätter, Ackerschachtelhalme für Tees. Auf dem Schulspeicher wurden sie getrocknet. „Heilkräuter sind für unsere Soldaten“, erklärte der Lehrer. Als ein Mädchen das Wort

Marinesoldaten an Land.

Heilkräuter hörte, hob es den Arm und schrie „Heil Hitler“. Alle lachten. Der Lehrer lachte nicht.

Das erzählten wir zu Hause, als im Radio die Sondermeldung von dem missglückten Attentat auf Hitler kam. Besorgte Mienen. Was ein Attentat war, wussten wir nicht, und verstanden deshalb auch ihre Aufregung nicht. Er lebte doch. Wir waren Kinder, die auf zu oft gestellte Fragen nie Antworten erhalten hatten. Der Lehrer sprach am nächsten Tag von einer ruchlosen Tat. Die Attentäter wurden gehängt. Dass es deutsche Offiziere gewesen waren, betrübte ihn besonders.

Trümmer, Feuer, Rauch.

Die Welt ging unter

Als in den Städten pures Grauen herrschte, Phosphor vom Himmel fiel, ganze Straßenzüge in Flammen aufgingen, zahlreiche Menschen zu Tode kamen und Sondermeldungen seltener wurden, sang Zarah Leander „Davon geht die Welt nicht unter“. Mutter drehte das Radio ab und sagte: „Gerade geht sie unter.“ So aufgebracht kannten wir unsere Mutter nicht. Feindliche Kampfverbände flogen Tag und Nacht Angriffe. Unzählige Unschuldige kamen zu Tode. In die Schule zu gehen war viel zu gefährlich. Außerdem waren die Gebäude oft beschädigt oder ganz zerstört.

Frauen bergen Habseligkeiten.

Der Unterricht fiel aus. Lehrpersonen fehlten. Die Wehrmacht nutzte die Schulen als Verpflegungslager. Die Bevölkerung ahnte nichts von den Schätzen, die dort lagerten. Immer häufiger kamen Jabos und suchten nach militärischen Zielen. Sie flogen so tief, dass die Piloten zu sehen waren. Sie hielten nach dem Feldflugplatz in der Nähe Ausschau, von dem deutsche Aufklärer in Richtung Westen starteten. Draußen zu spielen wurde zu gefährlich und verboten. Wir lebten schon zu lange mit der Gefahr, ohne das was passiert war. Doch wir lehnten uns auf. Unsere Mütter blieben eisern.

Schlagzeilen

1944
- *Franklin D. Roosevelt wird erneut US-Präsident*
- *Buch: „Gigi" von Colette*
- *Film: „Die Feuerzangenbowle" mit Heinz Rühmann*
- *Schlager: „La Paloma" mit Hans Albers*

1945
- *Auch Frauen und Mädchen sollen zum Volkssturm*
- *Mannesmann wird erster Montankonzern der Nachkriegszeit*
- *Bestes Buch: „Pippi Langstrumpf" von Astrid Lindgren*
- *Bester Film: „Kinder des Olypmp" von Marcel Carne*
- *Schlager: „Wenn ich dich seh, dann fang ich an zu träumen" von Detlev Lais*

1946
- *Hermann Hesse erhält den Literaturnobelpreis*
- *Buch: „Alexis Sorbas" von Nikos Kazantzakis*
- *Film: „Tote schlafen fest" mit Humphrey Bogart*
- *Schlager: „The girl that I marry" mit Frank Sinatra*

1947
- *Ernst Reuter wird Oberbürgermeister von Berlin*
- *Die erste Hannover-Messe wird eröffnet*
- *Buch: „Die Pest" von Albert Camus*
- *Bester Film: „Monsieur Verdoux" mit Charlie Chaplin*
- *Schlager: „Caprifischer" mit Rudi Schurike*

Wir lasen alles

Bücher mit Heiligenlegenden und biblischen Geschichten gab es in fast jedem Haus. Sie brachten uns ans Lesen. Bald fantasierten wir uns eine eigene Welt zusammen. Nachdem alle Bücher samt denen der Freunde verschlungen waren – von „Heidi" bis „Trotzkopf", von „Der rote Kampfflieger" bis „Sperrfeuer" –, wir Wilhelm Busch fast auswendig kannten und mit Karl May ins Bett gingen, begannen wir zu spielen. Bei Halma, Mühle und Mensch ärgere dich nicht ärgerten wir uns doch. Mau Mau und Schwarzer Peter hingen uns zum Hals raus. Immer ältere Jungen zu ärgern, war blöd. Langeweile und Sehnsucht nach Schule kam auf.

Die Pfarrbücherei, von zwei Damen betreut, wurde unsere Rettung. Sonntags nach der Messe konnte man Bücher ausleihen. Zwei pro Woche waren für Leseratten mindestens zwei zu wenig. Blieben nur Erwachsenenbücher übrig. Schummeln war angesagt. Als Kriegskinder mit allen Ölen gesalbt, machten wir aus unseren Müttern, Großvätern, selbst aus der fast blinden Großmutter noch Leser. Die Damen staunten zwar über die plötzlich ausgebrochene Lesefreude mancher Familien, rückten aber dennoch die Leihgaben raus. Von Herzschmerz-Romanen über Hans Dominik, von Theodor Fontane bis zu Thomas Mann. Auch Zukunftsromane, Effi Briest, Goethe und Schiller waren vor uns nicht sicher. Wir lasen alles, was uns in die Hände fiel, und verstanden kaum die Hälfte. Es hat uns nicht geschadet.

Soldaten kommen und gehen

1944 kamen von der Westfront Soldaten in Militärkolonnen in die Dörfer. Die Vorhut machte Quartier. Das hieß Einquartierung. Fehlte es an Platz in den Häusern, requirierten sie Scheunen und Schuppen. Es war eine spannende Zeit. Wir wären Kriegsschauplatz, sagten die Knaben. Endlich passierte was. Die Landser waren überall. Wir umlagerten sie. Blieb aus der Feldküche etwas übrig, das wir dann aus den Kochgeschirren essen durften, fanden wir das großartig, und gaben damit fürchterlich an. Obwohl es, ehrlich gesagt, scheußlich schmeckte.

Unsere Mütter revanchierten sich mit Bratkartoffeln, Eiern und Kartoffelsalat. Selbst die Hühner machten mit und legten in dieser Zeit wie verrückt. Wir brachten den Soldaten warmes Wasser zum Rasieren. Sie wuschen sich am Brunnen.

Alle paar Tage kamen neue. Es war ein Kommen und Gehen. Schon während der Kartoffelernte hatten wir vom Zusammenbruch der Ostfront gehört. Aus den Ostgebieten flüchteten die Menschen vor den Russen. Die Furcht der Großen übertrug sich auf uns.

Westwärts, Rückreise entfällt

Pillau war der Marinehafen von Königsberg. Die ersten Flüchtlinge, die in die Stadt kamen, wurden von der NSV versteckt, um die Bevölkerung nicht zu beunruhigen, obwohl die Artillerie deutlich zu hören war. Unter den Soldaten brach Unruhe aus. Um ihre Angehörigen in Sicherheit bringen, orderten sie das U-Boot-Versorgungsschiff „Salzburg", das am 25. Januar 1945 mit Frauen und Kindern auslief. „Das Gepäck bestand aus zwei Kisten und Koffern", berichtet Eberhard H., ein Zeitzeuge. „Das reicht für ein paar Wochen", sagte der Vater beruhigend und verabschiedete sich.

Vier U-Boote brachten das Schiff in die minenfreie Wasserstraße. So stach die Salzburg im Schutz der Abenddämmerung in See. Während meine Mutter und die kleine Schwester unter Deck blieben, stand ich in HJ-Uniform an Deck. Schiffe waren meine Leidenschaft. Im Hafen lagen der Kreuzer „Admiral Hipper" und U-Boote. Wir fuhren entlang der pommerschen Küste, um die Halbinsel Hela herum, wo später ein russisches U-Boot die Gustloff und Goya versenkte, passierten Swinemünde und Rügen und hörten die Flak. Am dritten Tag legte die Salzburg in Travemünde an. An der Mole lagen nagelneue U-Boot-Typen, die nie mehr zum Einsatz kamen. In Bussen ging es nach Lübeck. Am nächsten Tag mit einer Fähre nach Fehmarn. Dort begrüßte uns ein hoher Parteigenosse mit den Worten: „Lassen Sie sich hier vier Wochen von den Bauern verwöhnen. Dann können Sie zurück in die Heimat. Wir haben ja noch die Wunderwaffen."

Wir glaubten an die Wunderwaffen, glaubten ihm … Nach langer Odyssee traf dann im Mai 1945 unser Vater auf der Insel ein, mit einem von ihm selbst ausgestellten Urlaubsschein. Auf dem stand: „Westwärts, Rückreise entfällt".

Weihnachten 1944

Weihnachten verlief relativ ruhig auf dem Lande. Wir besuchten die Kirche, allerdings nur in Begleitung. Unsere Mütter waren noch vorsichtiger geworden.

Aus zerstörten Städten hatten viele Menschen auf dem Land Zuflucht gesucht. Unterm Weihnachtsbaum sangen wir „Stille Nacht“. Sie blieb still. Die Geschenke bestanden aus handgestrickten Schafwollstrümpfen, die entsetzlich kratzten, und Pullovern aus aufgeribbelter Wolle, alten Puppen in neuen Kleidern.

Das Wichtigste für uns waren die bunten Teller mit Äpfeln, Nüssen und Plätzchen, die unsere Mütter trotz der Not irgendwie hingekriegt hatten. In den Städten musste man stundenlang anstehen, um ein wenig Mehl, Fett oder ein Ei zu ergattern. Alles schmeckte. Hauptsache süß. Und wiederum war das ländliche Leben anders, Eier, Mehl, Milch und Butter, oft auch Honig gab der Hof her. Nur der Zucker wurde knapp.

Manche Landbewohner waren richtig gierig geworden. Wenn Stadtfrauen in ihrer Not mit ihren hungrigen Kindern kamen, um ihre letzten Wertgegenstände gegen Lebensmittel zu tauschen, nahmen sie alles außer Geld – vom Ölgemälde bis zur goldenen Uhr – für ein paar Kartoffeln und ein Stück Speck.

Jeder wartet auf Nachricht.

Kellerzeiten

Nach dem Angriff am 28. Januar 1945 auf ein Nachbardorf wurden auch auf dem Land die Keller als Überlebensräume hergerichtet. Auf die Kartoffelkisten kamen Matratzen, auf denen wir Kinder lagerten. Es begann eine abenteuerliche Zeit. Oft lebten mehrere Familien in einem Keller. Die Kinder bekamen Läuse. Dagegen half Petroleum. Nachdem die Haare durchforstet waren, wurden sie eingeschmiert und mit einem Turban versehen. Es brannte höllisch und stank zehn Meter gegen den Wind. Nach der Wäsche am nächsten Tag trat der Nissenkamm in Aktion. So oder so, es waren lausige Zeiten. „Ach Gottchen, sprach Lottchen, sieben Kinder, kein Mann, die Kinder haben Läuse und Lottchen keinen Kamm“, sangen die Kinder und die Mütter runzelten die Stirn und seufzten. Nur Straßenkinder singen so was, erfuhren sie. Doch so manche Mutter verkniff sich ein Schmunzeln.

Die Erwachsenen versorgten tagsüber das Vieh und kochten, während die Kinder nur zum Essen, Waschen und zum Klogang nach oben durften. Das Dorf wirkte wie ausgestorben. Nachts im Keller nervte jeder jeden. Die Menschen wurden leichtsinnig, weil ja bisher nichts passiert war.

Ein anderes Ereignis bekam Vorrang. Die Verpflegungslager in den Schulen wurden für die Dorfbewohner freigegeben und „gestürmt". Ohne jedes Unrechtsbewusstsein bediente man sich an Waren, die es offiziell schon lange nicht mehr gab: Dosengemüse, Ölsardinen, Wein, Käse, Schokolade, Drops, Bohnenkaffee und die berühmte Fliegerschokolade, die ewig wach halten sollte. Manche Kinder wären demnach mindestens drei Jahre ohne Schlaf ausgekommen. Für unsere Mütter waren Seife, Seifenflocken und Bohnenkaffee das Wichtigste.

Schwarzer Sonntag

Es schneite, als am 28. Januar 1945 in Platten, einem Winzerdorf, fünfundachtzig Menschen durch einen Luftangriff ums Leben kamen. Zwei Bomben zerstörten die Pfarrkirche, töteten achtzehn Kommunionkinder und den Seelsorger. Nur eines überlebte schwerverletzt. Nach der Andacht waren sie noch in der Kirche geblieben. Einzig der Turm ragte aus den Trümmern hervor. Die Turmuhr hielt bei zehn vor drei die Zeit des grausamen Geschehens fest.

Überall lagen Tote und Verletzte. 66 Einwohner, 44 Kinder und Jugendliche, zehn Soldaten auf dem Rückzug, fünf Kriegsgefangene und vier Menschen, die mit ihrem Militärfahrzeug durch den Ort kamen und nie identifiziert werden konnten. In langen Reihen wurden alle Opfer Seite an Seite zur letzten Ruhe gebettet, obwohl es der damals herrschende Nationalstolz verbot, Soldaten verschiedener Nationen nebeneinander beerdigen.

Für die geprüften Dorfbewohner waren es Menschen, gleich ob Zivilisten, Soldaten, Deutsche, Franzosen oder Russen, die nebeneinander in Frieden ruhen sollten. Dieser Tag löschte eine Dorfjugend aus und ging als „Schwarzer Sonntag" in die Geschichte des Dorfes ein. Die Zeit ließ die äußeren Wunden verheilen, doch die Narben schmerzen nach wie vor.

In Platten kamen am 29. Januar 1945 85 Menschen ums Leben, als das kleine Dorf von den Alliierten aus der Luft angegriffen wurde.

Nachlese

Fast überall gab es in den letzten Minuten des Krieges massive Luftangriffe, auch auf Köln und Dresden. Köln glich einem Trümmerfeld. Nur die Türme des Doms waren heil geblieben, da sie den Piloten zur Orientierung dienten. US-Aufklärer hatten gemeldet, es gäbe in Köln nichts mehr zu zerstören, trotzdem griffen sie am 2. März 1945 die Stadt in mehreren Wellen an und bombten sie sturmreif. Zahlreiche Tote waren zu beklagen. Von den über 768 000 Einwohnern lebten bei Kriegsende nur noch ca. 40 000 Menschen in der Domstadt. Die meisten waren aufs Land geflüchtet.

Auf Dresden gab es im Februar 1945 drei Angriffe. In 24 Stunden legten sie die Stadt mitsamt der Frauenkirche in Schutt und Asche und setzten sie in Brand. Dresden war durch eine große Fluchtwelle aus dem Osten total übervölkert. Die Stadt brannte auf einer Fläche von etwa 15 Quadratkilometern. Seitdem streiten sich Historiker um die Anzahl der Todesopfer, die zum größten Teil bis zur Unkenntlichkeit verbrannten.

Deutlich schreiben!

Lebenszeichen von Klein Heinrich
(Zuname) (Vorname)

aus Worms
(Ortsangabe) (Straße)

Datum: 22. II. 45 (Inhalt zugelassen höchstens 10 Worte Klartext)

Familie gesund, Liesel aus gebombt Stadtinneres zerstört! Heil Hitler! Heiner

„Familie gesund, Liesel ausgebombt, Stadtinneres zerstört.“ Ein Lebenszeichen aus Worms.

Die Sieger

Die Artillerie war verstummt, die Sieger besetzten in Kolonnen Städte und Dörfer, verhängten Ausgangssperren, waren freundlich zu den Kindern, schenkten ihnen Kaugummi und die Gebrauchsanweisung dazu. Die Ausgangssperren auf dem Land lockerten sie bald. Vieh und Land mussten versorgt werden. Im Märzfeuer in den Gärten ging viel Belastendes aus dem Dritten Reich wie Uniformen, Hitlerbilder und seine Literatur in Flammen auf. Wo ein Feuerchen fackelte, hieß es: „Da verbrennen sie den Führer.“

Im Osten verbreiteten die Russen Angst und Schrecken mit Plünderungen, Brandlegungen und Vergewaltigungen. Betrunkene Russen zogen durchs Land. Ein Horror für alle Frauen. Die roten Sieger brachten bitteres Leid über Wehrlose.

Die Amerikaner kommen nach Mannheim.

Frieden?

Das Wort kannten wir nur aus Erzählungen vergangener Zeiten. Die Zeit stand still, Bahn, Post und Zeitungen lagen lahm. Das Posttelefon war in den Dörfern oft die einzige Verbindung nach draußen. Der Postbote war im Dauereinsatz. Von überallher kamen Lebenszeichen. Das Leben normalisierte sich. Wir hörten amerikanische Musik, lernten Glen Miller und Benny Goodman lieben und der Jazz von Duke Ellington war ansteckend. Deutsche „Fräuleins" wurden von Soldaten umworben und ließen sich nach entbehrungsreichen Jahren von Amis und Franzosen verwöhnen, trugen die ersten Nylons, tanzten in Clubs und ernährten damit oft ganze Familien, die nicht selten verachtend den Finger erhoben. Es herrschte Not. In den Städten begann man die Trümmer wegzuräumen. Überwiegend Frauen, da die Männer noch nicht – oder überhaupt nicht mehr – zurückkehrten. Das Schwarzmarktgeschäft blühte.

Wir sammelten Ähren im Sommer und Bucheckern im Herbst. Organisierten und klauten, was zum Überleben notwendig war – Kohlen, Kartoffeln, Äpfel –, tauschten Goldschmuck und Puppen gegen Speck und Butter. Zu früh erwachsen geworden, liefen wir nicht mehr an der Welt vorbei, nein, die Welt hatte mit uns zu rechnen.

Im Juli 1945 wurde Deutschland in vier Zonen aufgeteilt: in die französische, englische, amerikanische und russische Zone.

Reisefreiheit.

Der Krieg ist aus

Das zehnjährige Kind stand auf dem Backhaus hinter einem Holzstapel versteckt und schaute gebannt auf die Straße. Seinen Großvater, der ihm gefolgt war, bemerkte es nicht. Fasziniert sah es zu, wie die älteste Dorfbewohnerin ein Betttuch aus dem Fenster hängte, eine amerikanische Panzerkolonne sich langsam dem Nachbarhof näherte und anhielt.

Aus der Luke krabbelte ein Soldat und verschwand im Stall. Er kam umgehend zurück und lief in den Hühnerstall. Nach kurzer Zeit tauchte er mit dem Stahlhelm voller Eier wieder auf. Die anderen Soldaten saßen lachend und kauend auf dem Panzer, an dem vorne eine Puppe und ein wunderschöner Bär befestigt waren. Das Mädchen zeigte stumm auf die Puppe. Der Großvater sagte „Beutegut“ und „der Krieg ist aus“ und: „Eierdiebe sind harmlos“ sagte er auch. „Auch wenn sie schwarz sind?“, fragte das Kind, es hatte noch nie einen Farbigen gesehen. Der alte Mann nickte.

Das Inselhuhn

Die Frau pflückte Brombeeren. Ihre Kinder sammelten Ähren auf den Stoppelfeldern, während der Vater dem Bauern bei der Ernte half. Der Krieg hatte sie als Flüchtlinge nach Fehmarn gespült. Die Insel war total übervölkert. Die Insulaner reagierten gereizt auf die vielen Menschen. Es herrschte Hunger unter den Heimatlosen, unter den Bauern nicht. Fleisch war absolute Mangelware.

Plötzlich scharrte ein Huhn vor der Brombeerhecke, direkt zu den Füßen der Frau. Gebannt schaute sie ihm zu. Vor ihrem geistigen Auge schwebte es geschlachtet, gerupft und gekocht. Sie konnte es riechen und griff zu. Das Huhn rannte schreiend um sein Leben. Die Frau siegte und rupfte es auf der Stelle. Die halbe Insel hatte die Schreie der unfreiwilligen Fleischspenderin mitbekommen. Der Besitzer auch. Kurzes Urteil: Zwei Säcke Korn oder eine Anzeige.

Keines der Kinder aß von dem Huhn. Kommentar des Vaters: „Konntest du nicht was Leiseres stehlen?“ Trotzdem: Er ließ es sich munden. Woher sie das Straf-Korn nehmen sollten, wussten sie nicht.

Der Freund des Vaters, der just bei diesem Bauern arbeitete, zauderte nicht, als er es hörte. Spätabends übergab er am Strand seinem Freund das Getreide. Er hatte es mit seiner Tochter, die dort die Hühner fütterte, „ausgeliehen“. Als er dem erleichterten Mann die Säcke auflud, ging der zu Boden. Der Freund lachte: „Leo, Leo, zu dumm zum Stehlen und zu schwach zum Tragen.“ Die Geschichte machte die Runde und jeder Insulaner gönnte dem Geizkragen den Schaden.

Endlich wieder Schule

Nach der langen Pause freuten wir uns auf die Schule. Das Hitlerbild hatte einen vagen Schatten an der Wand hinterlassen. Das Kruzifix hing wieder an seinem Platz. Durch intensives Pauken schlossen sich bald die vorhandenen Lücken. Etliche bereiteten sich auf die Prüfung für die weiterführenden Schulen vor. 1946 fanden die Aufnahmeprüfungen statt. Wer das Schulgeld nicht zahlen konnte, dem blieben sie verwehrt. Schade! Später regelte das bei Halbwaisen das Versorgungsamt.

Wir wurden Pennäler und Klosterschülerinnen. Viele mit weiten Schulwegen. Fahrräder waren Ausnahmen. Busse und Bahnen fuhren nicht. Das hieß laufen, bei jedem Wetter, ohne Regenschutz und passendes Schuhwerk. Selten ging man allein. Unterwegs wurden Vokabeln abgehört und Gedichte gelernt. Ab und zu erbarmte sich ein Radfahrer. Trotz der langen Wege waren die wenigsten Mädchen aufgeklärt. Spärliches Wissen wurde weitergegeben, was zu aberwitzigen Spekulationen führte. Von einem Kuss schwanger werden zu können, daran glaubten viele. Der Kreis schloss sich, die Zweifel blieben.

Die meisten Schulen hatten Bombenschäden und Klassenräume fehlten. Das hieß wandern, Französisch in der Landwirtschaftsschule, Deutsch im Gymnasium, Sport draußen und Geschichte in der Berufsschule.

Die Schülerinnen nutzen gemeinsam ein Lehrbuch. Irgendwie klappte es immer, denn Disziplin hatte man uns beigebracht.

Ein starker Jahrgang.

Mit dem Rucksack unterwegs.

Nachkriegszeiten

Auch 1947 blieben die Läden leer. Lebensmittel, wenn überhaupt, gab es nur auf Karten. Ein Segen war die Schulspeisung – für viele Kinder die einzig warme Mahlzeit am Tag. Ein Henkelmännchen baumelte an jeder Schultasche. Kakao und Rosinenbrötchen waren die absoluten Renner.

Abgezehrt kehrten die Soldaten aus Gefangenschaft zurück, waren glücklich, wenn sie ihre Familien wohlauf vorfanden.

Das Zusammenleben gestaltete sich oft schwierig. Der lange Krieg hatte bei den Frauen Selbstständigkeit und Verantwortung eingefordert. Jahrelang hatten sie alles allein entschieden. Jetzt forderten sie Gleichberechtigung. Manche Ehe scheiterte daran.

Kriegsheimkehrer bestimmen das Straßenbild in den großen Städten.

Der Schwarzhandel blüht.

Vom ersten **Blick** zum ersten **Rendezvous**

Trümmerfrauen.

Trümmer-Look

In Paris hatte Christian Dior den „New Look“ kreiert, der die Mode der 50er-Jahre bestimmen sollte. Dagegen setzten die Frauen den Trümmer-Look. Es gab nicht genug Stoffe für diese aufwendige Mode. Treu der Devise aus Alt mach Neu wurden Kissenbezüge,

Chronik

3. April 1948
Präsident Truman unterzeichnet den Marshallplan. Deutschland erhält 550 Millionen US-Dollar an Wiederaufbauhilfe.

20. Juni 1948
Die Währungsreform tritt in Westdeutschland in Kraft.

24. Juni 1948
Die Berliner Blockade beginnt, Amerikaner und Briten richten die Luftbrücke ein.

4. April 1949
Gründung der Nato in Washington.

11. Mai 1949
In Florida wird das erste Raketenversuchsgelände Cape Canaveral eingerichtet. Die Sowjetunion startet im August den ersten Atomversuch.

23. Mai 1949
Das Grundgesetz wird verabschiedet und Bonn wird vorläufige Hauptstadt.

7. Oktober 1949
Ende der Berliner Blockade, die Teilung Deutschlands in BRD und DDR ist vollzogen.

23. März 1950
Der Bundestag lehnt die Wiedereinführung der Todesstrafe ab.

1. Mai 1950
Ende der Rationalisierung der Lebensmittel im Westen.

5. Mai 1950
Der Europarat wird in London gegründet.

9. Juni 1950
Die Rundfunkanstalten vereinigen sich zur ARD.

25. Juni 1950
Beginn des Koreakrieges.

1. Januar 1951
In der DDR beginnt der erste 5-Jahres-Plan.

19. April 1951
In Frankfurt am Main wird die 1. deutsche Automobilausstellung eröffnet.

4. Mai 1952
32 Trümmerfrauen werden mit dem Bundesverdienstkreuz ausgezeichnet.

Vorhänge, Fallschirmseide, Fahnenstoffe und alte Kleider geschickt eingesetzt, um Neues zu zaubern.

Die aus Hitler-Fahnen genähten „Kittelschürzen“ verwandelten sich in Karnevalskostüme. Das Rotkäppchen wurde im nächsten Jahr zur Zigeunerin und das Röckchen mit schwarzem Bolero und alten Münzen aufgepeppt. Nicht nur die Mütter waren stolz.

Rotkarierte Dirndl aus Bettbezügen mit Zierschürzen wurden Mode und wuchsen dank breiter Säume mit. Doch wenn ein rotkariert gewandeter Knabe neben dir auftauchte – das Betttuchhemd nachlässig in die abgewetzte Lederhose gestopft – und so tat, als sei das Teil teuer erstanden, ging das gar nicht. Diese Pickelbubis aus den Parallelklassen gingen uns ziemlich auf den Geist. Die zwei Jahre älteren weniger.

Anzüge und Hemden gefallener Väter wurden für die Söhne passend gemacht und wirkten an ihnen seltsam. Hatten sie Hochwasser gemeldet, löste das bei uns Lachkrämpfe aus. Wenn sie im Rudel auftraten, laut dachten und über alles und nichts diskutierten, auch. Sie schaukelten sich gegenseitig hoch, gaben sich weltoffen und taten, als wüssten sie alles, und wussten nix. Heimlich erzählte zweideutige Witze lösten brüllendes Lachen aus. Verlegenes Schweigen herrschte, wenn wir dazukamen. Der Kampf der Geschlechter schien in vollem Gange.

Lehrjahre sind keine Herrenjahre

Das Fräulein vom Amt. Aber nur wenige junge Frauen finden Arbeit.

Als Kinder hatten wir das Teilen gelernt, durch Hunger, Wohnungsnot, Flüchtlingselend, häufig die Vaterlosigkeit, jetzt auch die Arbeitslosigkeit. Nach der Volksschule suchten viele Lehrstellen, doch sie waren dünn gesät. Das Land befand sich im Aufbruch. Jede Arbeitsstelle, ob mit oder ohne Ausbildung, wurde angenommen und Berufswünsche selten erfüllt.

Für Mädchen gab es kaum eine Möglichkeit, einen Beruf zu erlernen. Es herrschte noch die Meinung: Frauen heiraten und brauchen keinen Beruf. Wegen Überfüllung der Berufsschulen hatte man die Mädchen, wenn sie einen Ausbildungsplatz erhalten hatten, zurückgestellt. Eine Benachteiligung sondergleichen. Auf dem Land, schickte man sie als Vorbereitung auf die Ehe für ein Jahr ohne Entgelt in Krankenhäuser mit Lehrküchen. Für Mutige wurde es manchmal ein Sprungbrett in den Pflegeberuf. Nach und nach setzten sich die Frauen durch und ertrotzten ihre Ausbildung. In den Städten verlief das anders.

Jeder musste sehen, wie sie oder er zurechtkam. Nur wenigen Töchtern war es vergönnt, im Elternhaus auf den Mann zu warten. Diese Illusion hatte der Krieg ihnen genommen.

Die wichtigste Währung – Zigaretten.

Hochwürdens Hut

Geschichten und Anekdoten ranken sich um die Nachkriegszeit, als der Schmuggel in den Grenzgebieten wilde Blüten trieb. Eine der Möglichkeiten, um zu überleben. Kaffee und Zigaretten waren gängigste Währung. Dafür war alles zu haben. Die Häuser hatte der Krieg zerstört und das rettende Ausland lag vor der Haustür. Was blieb? Das Schmuggeln! Im Schutze der Nacht schlichen sie über die Grenze. Von der Eifel ins nahe Belgien: ein Katzensprung. Ein Pfarrer erzählte aus einem kleinen Dorf:

Nach jedem Grenzgang, meist spät in der Nacht, trafen sich die Schmuggler im örtlichen Wirtshaus. Erst wenn alle wohlbehalten zurück waren, trennten sie sich. Sie kamen schwer beladen über den Friedhof durch die Hintertür in den Schankraum. Der Pfarrer hatte davon gehört. Nichts bleibt geheim in einem Dorf. Abend für Abend wartete er in der Kneipe auf die sündigen Schafe seiner Gemeinde. Waren sie zurück, verkündete er, dass er für jeden von ihnen gebetet habe und ließ den Hut kreisen. Alle spendeten, ob freiwillig, blieb geheim. Der Mann Gottes tat es nicht für sich. Er tauschte das Schmuggelgut gegen Baumaterialien für die im Krieg zerstörte Dorfkirche, die so wieder aufgebaut werden konnte. Diese Kirche in der Eifel wurde als „Sankt Mocca“ überall bekannt.

„Leibeserziehung“ ist nicht jedermanns Sache.

Schule und Alltag

Kinder, die weiterführende Schulen besuchten, hatte der Alltag im Griff. Auch hier waren die Mädchen in der Unterzahl. Die Nonnen der Klosterschulen verstanden es ihre Schülerinnen zu motivieren, außer beim Sport. Den frommen Frauen fehlte es da an Verständnis. Sie befahlen Turnkleider über langen Turnhosen. Empörung und Aufstand! Schummelsieg auf der ganzen Linie! Fleißige Mädchenhände hatten die Kleider und Hosen radikal gekürzt und den Stoff entsorgt. Das Nähen hatten ihnen die Schwestern beigebracht.

Fahrräder kamen auf den Markt. Der Schulweg wurde zur Sportübung. Auf fast autofreien Landstraßen fühlten wir uns frei. Wer ein Rad besaß, war wer. Wie Augäpfel wurden Räder gehegt und gepflegt. War es mal platt und ging zum Händler, klemmte hinterher am Lenker einen Zettel: „Schlauch durchs Wasser, gezogen, nichts gefunden, 50 Pfennig". So lernten auch Mädchen ihr Rad selbst zu reparieren. 50 Pfennig waren ein Vermögen. Für 30 Pfennig teilte man zu dritt zwölf Cremehütchen.

Neue Schülerinnen und Schüler kamen. Flüchtlinge aus dem Osten suchten eine neue Heimat und bezogen zum Teil die leerstehenden Wohnungen der Evakuierten. Für viele waren es ungebetene Gäste. Wir empörten uns und fanden das ungerecht, denn sie hatten Haus und Heimat verloren. Neue Freundschaften entstanden, manche fürs Leben.

Jugendorganisationen formieren sich neu: Pfadfinder auf Tour.

Sommer oder die Sache mit den Schmetterlingen

Während die Klassenkameraden vom Land in den Sommerferien zu Hause bei der Ernte helfen mussten, konnten wir ausschlafen und die Zeit in Badeanstalten, Bächen und Flüssen, von Mosel bis Rhein, von Isar bis Elbe, in Seen und Maaren, an Nord- und Ostsee verbringen. Wir übten Kopfsprung und Tauchen und gaben fürchterlich an. Die Jungen waren den Mädchen haushoch überlegen. Wir sonnten uns stundenlang, ohne uns einzucremen, und litten hinterher unter Sonnenbrand. Die Badeanzüge, teils geerbt, gestrickt oder genäht, sahen schauerlich aus.

Klosterschülerinnen in der großen Pause.
Von Jahr zu Jahr wurden die Klassen kleiner.

Das kümmerte uns nicht. Die Badehosen der Knaben waren nicht besser. Abends wurde die Bräune verglichen, wir waren eitel bis zum Gehtnichtmehr.

Umlagert von Jungs genossen wir die Zeit, lasen, alberten, spielten Ball, machten Wettschwimmen oder hingen einfach rum. Mittags war Butterbrot-Tausch. Bei Durst gab es Kranenberger – erfrischend und kostenlos!

Spiegel machten die Runde, wir kicherten über alles und nichts. Wenn ältere Jungen uns auf dem Heimweg mit ihren Drahteseln umkreisten, taten wir abweisend, während insgeheim eitel Freude herrschte. Wir fühlten uns geehrt, obwohl begehrt das passendere Wort gewesen wäre. War es der richtige Typ, spürten wir, ohne den Ausspruch zu kennen, die berühmten Schmetterlinge im Bauch, nicht wissend, woher das Gefühl kam.

Noch immer galt in Sachen Aufklärung bei Mädchen wie Knaben: von zu Hause her nichts, von den Freunden nichts Bestimmtes. Das Wenige klang dubios. Jeder glaubte was zu wissen und wusste nichts Rechtes. Wir warfen alles in einen Pott, rührten um und fühlten uns aufgeklärt, kamen uns erwachsen vor und hatten keine Ahnung.

Mit vierzig Mark ins Wirtschaftswunder

In der Bevölkerung knisterte es. Schon im April 1948 sprachen sie vom Tag X. Das Wort Währungsreform machte die Runde, im Juni sollte es sein. Jeder versuchte das letzte Geld umzusetzen, kaufte drauflos. Die Geschäfte schienen leer gekauft, viele schlossen. Die Preise stiegen ins Unermessliche. Ein Pfund Kaffee kostete 2000 RM und eine amerikanische Zigarette 30 RM. Der 20. Juni war ein verregneter Sonntag. In den Lebensmittelkartenstellen fand der Umtausch statt. Dort befanden sich die aktuellen Personenkarten und das in den USA gedruckte neue Geld. Jeder Haushaltsvorstand der Westzone erhielt für 60 RM 40 DM Kopfgeld. Er musste sich ausweisen und die Lebensmittelkarten für die Familie vorlegen. Aber auch, wer keine Reichsmark besaß, erhielt Geld, welches später mit Altbeständen verrechnet wurde. Die restlichen 20 DM gab es im August und September.

5,7 Milliarden DM kamen in den Verkehr. Am nächsten Tag drückten wir uns an den Schaufenstern die Nasen platt. Es grenzte an Zauberei. Waren in Hülle und Fülle! Die Händler hatten gehortet. Dem Bürger blieb nur das Staunen, die Preise waren gesalzen.

Mit 40 DM in ein neues Leben.

Der 20. Juni 1948 in München. Geduldig warten die Menschen auf die DM.

Rein ins Vergnügen

Bully Buhlan: Ich hab noch einen Koffer in Berlin …

Wir trällerten mit Friedel Hensch: „Bei mir zu Haus“, summten mit Bully Buhlan: „Ich hab noch einen Koffer in Berlin“, sangen mit Jupp Schmitz: „Ich fahr mit meiner Lisa zum schiefen Turm …“, kannten jedoch Pisa nur von der Landkarte.

Wenn Rudi Schurike schluchzte: „Wenn bei Capri die rote Sonne…“, schluchzten wir mit. Es schürte das Fernweh, doch der erste Urlaub lag in unerreichbarer Ferne. Die gängigen Schlager kannten wir. Das Tanzen brachten wir uns selbst bei. In den Städten gab es Tanzcafés und Tanzschulen mit Mittel- und Abschlussball. Auf dem Lande spielte die Musik anders. Irgendwer nahm die Mundorgel und wir stolperten, den Takt mitzählend, nach „Ich tanze mit dir …“ am helllichten Tag, bei brütender Sonne, unter freiem Himmel … in den Himmel hinein … Aus noch ziemlich flacher Brust sangen wir: „Waldeslu-hu-hust, oh wie einsam schlägt die Brust …“ und lachten uns kringelig. Von Slow Fox, Swing bis Tango – alles wurde geübt. In schwierigen Figuren glitten wir über ein imaginäres Parkett. Kirchweih-, Schützen-, Sänger- und Sportfeste standen an. Meist begann der Tanz schon nachmittags. Wir tanzten, bis die Söckchen qualmten, denn um 22 Uhr war für uns Zapfenstreich.

Am nächsten Tag war gnadenlose Nachlese. Niemand blieb verschont, wir auch nicht.

Die schönen Künste – die erste Liebe

Die Landesbühnen tingelten als Wanderbühnen durch die Lande. Auf Holzbänken bewunderten wir René Deltgen in „Tartüff“, amüsierten uns in „Der Vetter aus Dingsda“ und verstanden Maria Schell in „Elisabeth I.“ kaum, weil sie so nuschelte.

Die neuesten Kinofilme sahen wir Sonntagsnachmittags auf dem Rasiersitz, erste Reihe, für 50 Pfennig. In Westernfilmen zitterte es sich am schönsten. Den Ohrwurm aus der „Dritte Mann“ summten wir hingerissen mit und suhlten uns bei Heimatfilmen mit Sonja Ziemann und Rudolf Prack in deren heiler Welt.

Die fast zerfetzten Romanheftchen, umgangssprachlich unter „für 50 Pfennig Liebe“ bekannt, gingen von Hand zu Hand. Und – ob Junge oder Mädchen – wir waren stets pleite, der Monat hatte zu viele Tage. Wären da nicht öfter mal Großeltern, Onkel und Tanten eingesprungen …

Wer im Chor sang, kam wenigstens einmal in der Woche abends raus, immer mit Zeitvorgaben, und bei Überschreitung drohte Ausgehverbot. Es blieb dann nur die Hoffnung: Gnade vor Recht. In den Wintermonaten übte die Laienspieltruppe Theaterstücke ein. Selbst als Zofe knicksend „Gnädige Frau haben gerufen“ zu sagen oder als Knecht, leicht deppert „Jajajawoll; kokokommt sssofort“ zu stottern, war ein erhebendes Gefühl und ließ uns als kommende Schauspieler auf Wolke 7 schweben. Jede Möglichkeit, von zu Hause wegzukommen, wurde ohne die Spur eines schlechten Gewissens ausgenutzt.

Wir sind viel unterwegs.

Himmelhochjauchzend – zu Tode betrübt …

Die ersten zarten Bande lösten Achterbahngefühle in uns aus, die sich später zäh wie Efeu um unser Seelenleben schlangen. Die erste Liebe mit Händchenhalten, heimlichen Küssen, knallroten Köpfen, die bei Beobachtung verlegen zur Seite gedreht wurden, ereilte uns mit Wucht. Das Leben war plötzlich voller Geheimnisse. Wir tuschelten und lasen die zugesteckten „Herzen-in-Not-Briefe“ heimlich auf dem Klo. Das Leben war wunderbar, ob es regnete, stürmte oder Felsbrocken hagelte. Der Kater folgte meist auf dem Fuß, wenn der erste Liebeskummer uns fast sterben ließ.

Weder Fisch noch Fleisch feixte der Bruder, wenn er die verheulten Augen seiner Schwester sah. Dabei traf es ihn genauso heftig. Entweder rannte er, je nach Zustand, mit verklärtem oder mit verstörtem Blick blind durch die Gegend. Die ganze fiese Welt war gegen Liebende.

Dass Liebeskummer der schönste Kummer ist, den man sich lange erhalten sollte, lehrte uns die Erfahrung erst später. Woher sollten wir fast Unaufgeklärten das wissen? In dieser Zeit litten wir, egal ob Junge oder Mädchen, Werthers sämtliche Leiden zärtlich mit. Wird schon, trösteten die Mütter verständnisvoll. Sie hatten recht, wie immer, und trösteten aus Erfahrung.

Endspurt in das Erwachsenenleben

Das Leben hatte sich normalisiert. Es gab alles zu kaufen. Die Männer, die überlebt hatten, waren aus der Gefangenschaft zurückgekehrt. Vermisste wurden für tot erklärt, damit ihre Familien versorgt werden konnten. Witwen und Waisen erhielten dürftige Renten. Peu à peu schlossen sich die schrecklichen Wunden des Krieges. Die Narben blieben, schmerzend, sichtbar. Wir wurden aufmüpfig und eitel, schlugen den Rat der Mütter in den Wind und wurden modebewusst. Ihre Ansichten fanden wir hausbacken, es sei denn, sie gingen auf unsere Vorschläge ein. Der neueste Hit waren: tellerrunde Röcke, ärmellose knappe Blusen, breite Ledergürtel, taillenbetont. Wir schnürten uns bis zur Ohnmacht Wespentaillen, banden die Haare zu Pferdeschwänzen und bliesen die Ponyfransen gekonnt aus der Stirn. Die erste Dauerwelle verursachte Höllenqualen und sah schrecklich aus.

Bei den Jungen war es ähnlich. Neue Anzüge wurden fällig. Jacketts mit seitlichen Golffalten, kurze Revers und vier Taschen mit Knöpfen. Letzter Pfiff – ein Gürtel. Dazu Pullunder in allen Farben. Letzter Schrei aus Amerika: Lumberjacks. Kurze Jacken, mit Reißverschluss und an Ärmeln, Bund und Hals Strickbündchen. Edel waren die aus Leder.

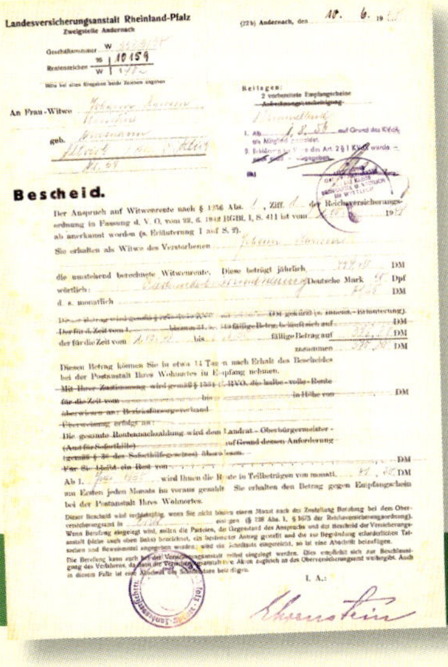
Landesversicherungsanstalt Rheinland-Pfalz
Zweigstelle Andernach

(22b) Andernach, den 10. 6. 19

Geschäftsnummer W

Rentenzeichen 10159

An Frau-Witwe

geb.

Beilagen:
2 vorbereitete Empfangscheine

Bescheid.

Der Anspruch auf Witwenrente nach § 1256 Abs. 1, Ziff. 1 der Reichsversicherungsordnung in Fassung d. V. O. vom 22. 6. 1942 RGBl. I, S. 411 ist vom ... 19.. ab anerkannt worden (s. Erläuterung 1 auf S. 2).

Sie erhalten als Witwe des Verstorbenen ... die umstehend berechnete Witwenrente. Diese beträgt jährlich ... DM, wörtlich: ... Deutsche Mark ... Dpf, d. s. monatlich ... DM

der für die Zeit vom ... bis ... fällige Betrag auf ... DM, zusammen ... DM

Diesen Betrag können Sie in etwa 14 Tagen nach Erhalt des Bescheides bei der Postanstalt Ihres Wohnortes in Empfang nehmen.

Ab 1. ... wird Ihnen die Rente in Teilbeträgen von monatl. ... DM am Ersten jeden Monats im voraus gezahlt. Sie erhalten den Betrag gegen Empfangschein bei der Postanstalt Ihres Wohnortes.

I. A.:

Kriegswitwen erhalten die ersten Renten.

Wer den Tod nicht scheut, fährt Lloyd.

Mann hatte die Mode entdeckt. Wir bewunderten sie heimlich.

Wie bunt getüpfelt standen über Nacht die ersten Käfer und Lloyds vor den Türen – „Laternenpfahlgaragen" genannt, weil richtige noch Luxus waren. „Wer den Tod nicht scheut, fährt Lloyd", lästerten lose Zungen. Die Jungs träumten außer von Mädchen von Motorrädern. Etliche hatten den Krieg unter Heu und Stroh in Scheunen überlebt. Bastlerhände schraubten sie schnell wieder flott. Wer Geld verdiente, machte den Führerschein, oft mit einer oder zwei Fahrstunden, weil die Väter ihnen „Feldwegunterricht" erteilt hatten. Andere träumten vom ersten Auto. Schon leichter Benzingeruch setzte ihre Sehnsüchte frei. Die ersten Quelle- und Neckermannkataloge erschienen und vermittelten ein neues Kaufgefühl. Bertelsmann gründete den Lesering. Alle drei Monate gab es neue Vorschlagbände.

Nur fliegen ist schöner.

Schlagzeilen

1948
- *Karl Valentin stirbt*
- *Mahatma Gandhi wird ermordet*
- *Mode: Maria Bogner kreiert die Keilhosen, in Amerika „the Bogners“ genannt*
- *Heinz Oestergard entwirft für Quelle Mode für Millionen*
- *Bestes Buch: „Die Nackten und die Toten“ von Norman Mailer*
- *Film: „ Der Schatz der Sierra Madre“ mit Humphrey Bogart*
- *Bester Schlager: „Der Theodor ...“ mit Margot Hielscher*

1949
- *Tchibo beginnt mit dem Kaffeeversand*
- *Coca Cola nimmt die Produktion auf*
- *Rita Hayworth bekommt einen weißen Trüffel aus Alba geschenkt*
- *Buch: „1984“ von George Orwell*
- *Bester Film: „Adel verpflichtet“ mit Alec Guiness*
- *Schlager: „La vie en rose“ mit Edith Piaf*

1950
- *Hedwig Courths-Mahler stirbt*
- *Samuel Fischer gründet den Taschenbuch Verlag*
- *Erstes Fußballländerspiel nach dem Krieg gegen die Schweiz*
- *Diners Club führt die Kreditkarte ein*
- *Formel-1-Weltmeister wird Giuseppe Farina auf Alfa Romeo*
- *Bestes Buch: „Das Tagebuch der Anne Frank“ von Anne Frank*
- *Bester Film: „Der dritte Mann“ mit Orson Welles*
- *Bester Schlager: „La-Le-Lu ...“ mit Anneliese Rothenberger und Detlev Lais*

1951
- *Der NWDR sendet das erste Live-Fernsehspiel*
- *In den USA wird die erste Operation mit einer Herz-Lungen-Maschine vorgenommen*
- *Der Film „Die Vier im Jeep“ erhält den ersten verliehenen „Goldenen Bären“*
- *Bestes Buch: „Verdammt in alle Ewigkeit“ von James Jones*
- *Bester Film: „Ein Amerikaner in Paris“*
- *Bester Schlager: „Pack die Badehose ein“ mit Conny Froboess*

1952
- *Elizabeth II. folgt ihrem Vater auf den Thron*
- *Erich Honecker übernimmt die FDJ-Führung*
- *In Dortmund wird Europas größte Sport-arena, die Westfalenhalle, eingeweiht*
- *Bester Film: „12 Uhr mittags“ mit Gary Cooper*
- *Bestes Buch: „Der alte Mann und das Meer“ von Ernest Hemingway*
- *Schlager des Jahres: „Es hängt ein Pferdehalfter an der Wand“ von den Kilima Hawaiians*

Gary Cooper in „12 Uhr mittags“.

Was noch zu sagen wäre

Der Schulabschluss nahte. 1952 stand vor der Tür. Wir paukten wie verrückt, jagten Punkten oder Noten für ein gutes Zeugniss nach. In der französischen Zone hatte nämlich ein bescheuertes Punktesystem von 1 bis 20 die alten Noten abgelöst. Wobei 20 Punkte – „Ausgezeichnet" – niemand, den wir kannten, je erreichte. Wir lernten weder mehr noch besser mit diesem System. „Punkte, neumodischer Kram", nörgelten die Alten.

Als wir nach dem Krieg weiterführende Schulen besuchen konnten, waren wir zwölf Jahre alt geworden. Für Schüler der Progymnasien wurde 1952 zum Abgangsjahr. Einjähriges mit Abschlussprüfung hieß Obersekundareife, mit der konnte man aufs Gymnasium und Pädagogium wechseln. Für die meisten Mädchen bedeutete es den Abschluss, während die Jungen weiterlernen konnten, wenn sie wollten. Sich als Mädchen im Beruf zu etablieren, war kurz nach dem Krieg äußerst schwierig. Diese Möglichkeiten richteten sich meist nach dem Wohnort, denn außerhalb zu wohnen, wurde kaum einem Mädchen gestattet. So kamen Post, Bahn, Bank oder Verwaltungen in der Nähe, auch Militärverwaltungen, infrage.

Es war nicht leicht, das Richtige zu finden. Viele landeten in ungeliebten Berufen. Andere heirateten fast von der Schulbank weg, nicht, weil sie es wollten, nein, weil sie, dank mangelnder Aufklärung, mussten. Manche dieser Ehen hielten und halten noch immer, andere zerbrachen selbst nach 30 Jahren …

Motorbienen.

Neugierig stürmten wir in die Zukunft

Geprägt durch eine Kindheit und Jugend, die hart, schön und atemberaubend war und die uns durch Krieg, Vertreibung und Hunger viel zu früh erwachsen werden ließ, waren wir nun nicht mehr aufzuhalten. Neugierig stürmten wir in die Zukunft und machten so oder so unseren Weg. Elvis, James Dean und die Beatles wurden unsere Idole. Wir kleideten uns wie Peter Kraus und Conny Froboess. Wir beschrieben Marilyn Monroe mit den Händen, Brigitte Bardot mit den Augen und heulten uns mit der Schell die Seele aus dem Leib. Wir versuchten das Gras wachsen und die Flöhe husten zu hören, arbeiteten, fast alle, bienenfleißig, halfen uns und damit dem Land voranzukommen. Wir sonnten uns und sonnen uns noch heute im verdienten Wohlstand.

Die Willensstarken nutzten die Möglichkeiten, die ein demokratisches, wieder erstarktes Deutschland allen bot. Sie holten Abschlüsse nach, studierten, machten Karriere und etablierten sich in Politik, Kultur und Wirtschaft. Viele wurden auf diesem Wege wohlhabend, manche sogar reich. Denen, die es nicht wurden oder werden konnten, ging und geht es in unserem Land nie schlecht.

Wir wurden in die dunkelste Periode der deutschen Geschichte hineingeboren. Wir erlebten als Kinder die Judenverfolgung, Vernichtung, einen Weltkrieg und eine Zeit der Ohnmacht, Tränen, Trauer und Wut. Wir hatten Angst, dass die Sonne am Morgen nicht mehr aufgeht und ließen uns erklären, dass sie immer irgendwo aufgehen wird, auch wenn wir sie nicht sehen, und glaubten es. In unseren Träumen sind wir sind oft geflogen, doch unsere Träume lernten nie das Fliegen. Und wenn wir auch nicht alle gesteckten Ziele erreicht haben, eines ist uns vergönnt: Jahrzehntelang in Frieden und Freiheit in einer Demokratie leben zu dürfen.